골프장 지방세 어떻게 할 것인가

골프장 지방세 어떻게 할 것인가

발행일	2018년 3월 14일
지은이	김영선, 박광현, 장상록
펴낸이	손형국
펴낸곳	(주)북랩
편집인	선일영
편집	권혁신, 오경진, 최예은, 최승헌
디자인	이현수, 허지혜, 김민하, 한수희, 김윤주
제작	박기성, 황동현, 구성우, 정성배
마케팅	김회란, 박진관, 유한호
출판등록	2004. 12. 1(제2012-000051호)
주소	서울시 금천구 가산디지털 1로 168, 우림라이온스밸리 B동 B113, 114호
홈페이지	www.book.co.kr
전화번호	(02)2026-5777
팩스	(02)2026-5747
ISBN	979-11-6299-015-5 13360(종이책) 979-11-6299-016-2 15360(전자책)

잘못된 책은 구입한 곳에서 교환해드립니다.
이 책은 저작권법에 따라 보호받는 저작물이므로 무단 전재와 복제를 금합니다.

이 도서의 국립중앙도서관 출판예정도서목록(CIP)은 서지정보유통지원시스템 홈페이지(http://seoji.nl.go.kr)와
국가자료공동목록시스템(http://www.nl.go.kr/kolisnet)에서 이용하실 수 있습니다.
(CIP제어번호 : CIP2018007743)

(주)북랩 성공출판의 파트너

북랩 홈페이지와 패밀리 사이트에서 다양한 출판 솔루션을 만나 보세요!

홈페이지 book.co.kr · **블로그** blog.naver.com/essaybook · **원고모집** book@book.co.kr

골프장 지방세
어떻게 할 것인가

김영선
박광현
장상록 지음

북랩 book Lab

머리말

정부가 지방분권형 개헌 추진을 공식화하고 중앙정부 권한을 지방으로 이양하기 위한 방안을 구상 중인 가운데, 지방분권도 중요하지만, 개헌에 앞서 재정분권이 더 시급하다는 목소리가 높습니다. 이는 현재 국세와 지방세 비중이 7.5대 2.5 수준이고, 전반적인 지방분권화의 수준도 이 정도란 것입니다. 정부는 지방분권을 위하여 이 비중을 6대 4 수준으로 맞추려고 세제개편을 검토하고 있습니다. 한편, 이와 더불어 민선 지방자치단체 출범 이후 많은 지방자치단체가 필요한 재원을 스스로 조달하지 못하고 중앙정부의 지원에 의존하고 있으며, 복지비 지원 등으로 인하여 지방재정이 날로 어려워지고 있어 지방세가 상당히 중요하게 대두되는 실정입니다.

2010.3.31. 자로 복잡하고 체계가 다소 미흡했던 종전 「지방세법」을 성격별로 분법화를 통해 세목의 통합 등의 전문화·선진화를 기하기 위하여 「지방세기본법」, 「지방세법」 및 「지방세특례제한법」으로 분법하여 2011.1.1. 이후 시행하고 있습니다. 또한 2016년 준용 과정상 혼란을 방지하고자 「국세징수법」의 체납처분 규정을 「지방세기본법」에 직접 규정하여 적용하여 오다가, 「지방세징수법」(2016.12.27. 공포)으로 분법하여 2017.3.28. 이후부터 시행하고 있습니다.

지방세제 분야에서는 최근 체계적으로 세제를 개편하고 있지만, 납세자들은 조문의 내용이 불명확하고 과세 편의 위주로 해석하고 있다는 느낌을 받는 것이 현실입니다. 그리고 지방자치단체 또한 각기 법령에 대한 해석을 다르게 하는 등 납세자들에게 혼란을 주는 경우가 다소 있는바, 이는 골프장 관련 지방세에서도 마찬가지입니다.

최근 골프장과 관련하여 기존 유권해석과 다르게 조세심판원에서 결정되거나 대법원에서 판결되는 사례가 늘어나는 추세이어서, 취득세 경정청구 또는 이의신청, 재산세 이의신청 또는 환급신청이 점점 늘어나고 있는 실정입니다.

지방세 상담과 세무공무원 또는 세무전문가로서의 실무 경험을 바탕으로 집필된 본 도서에서는 연구사례를 중심으로 골프장 관련 올바른 해석·적용을 위한 최선의 접근 방법을 모색하였으며, 구체적이고 실제적인 해석·적용 사례를 제시하여 골프장 관련 지방세의 이해와 실무 적용에 도움을 주고자 노력하였습니다.

따라서 본 도서를 통해 골프장 관련 지방세 관련 지식과 이해를 높일 뿐만 아니라 업무수행에 도움이 되며, 지방세제가 좀 더 체계적으로 개선됨과 동시에 일관성 있는 해석과 적용을 통해 납세자들에게 불이익이 없게 되기를 기대합니다. 끝으로 본 도서의 편집과 교정 등 여러 가지 도움을 주신 ㈜한국경영전략 정창훈 대표이사님을 비롯한 관계자분들께 깊은 감사를 드립니다.

2018년 2월
김영선, 박광현, 장상록

목차

- 머리말 004

제1장 회원제 골프장에 대한 취득세

1. 회원제 골프장 **010**
2. 중과세 신고납부시기 **011**
3. 사실상 사용 이후 추가 공사비 **018**
4. 승계취득의 중과적용 여부 **020**
5. 골프장의 중과세 대상 **023**
6. 과세표준 포함 여부 **029**
7. 대중제 골프장으로 변경 등록한 경우 취득세 중과 여부 **038**
8. 신설 후 공사비 **039**
9. 타인명의 토지 **040**
10. 기부채납 진입도로 **040**
11. 신탁 후 회원제로 변경한 경우 **041**
12. 타인명의로 취득한 경우 중과세 기준일 **042**

제2장 골프회원권

1. 개 요 **046**
2. 골프회원권 **052**

제3장 지목변경

1. 개 요 **066**
2. 과세요건 **068**
3. 취득 전에 사실상 변경된 경우 **069**
4. 지목변경된 토지를 소유권이전 후에 중과세된 경우 **070**
5. 임차인의 지목변경 **071**
6. 기부채납 **071**
7. 미준공 건축물과 그 부속토지에 대한 지목변경 **072**
8. 건축물 용도변경 관련 지목변경 **072**
9. 과세표준 **073**

　10. 지목변경 시 취득시기 **077**
　11. 신탁재산에 대한 지목변경 **082**
　12. 토지 취득의 과세객체 구분 **086**
　13. 골프장용 토지에 대한 형질변경 **087**
　14. 취득세의 신고납부 **090**

제4장 골프장 관련 재산세

　1. 회원제 골프장 토지 과세구분 **094**
　2. 「체육시설의 설치·이용에 관한 법률 시행령」 연혁 **096**
　3. 회원제 골프장 토지분 재산세 과세자료 확인 **103**
　4. 골프장 건축물 구조지수 용도지수 적용 검토 **113**

제5장 골프장 관련 지방세 법령

　1. 「지방세법」 **134**
　2. 「지방세법 시행령」 **137**

제6장 회원제 골프장 구분대상이 되는 부동산의 범위

　1. 구분대상이 되는 부동산 **160**
　2. 골프장에 대한 토지분 재산세 과세구분 **161**
　3. 구분등록이 되는 모든 토지와 건축물 중과세 범위 **161**

제7장 임야에 대한 토지분 재산세

　1. 토지분 재산세 관련 규정 **172**
　2. 임야에 대한 토지분 재산세 구분 **174**

제8장 골프장 관련 유권해석 사례

• 저자 소개 **224**

제1장

회원제 골프장에 대한 취득세

1. 회원제 골프장

골프장 중 중과세 대상이 되는 것은 「체육시설의 설치·이용에 관한 법률」에 따른 회원제 골프장(퍼블릭, 간이골프장 제외)용 부동산 중 구분 등록의 대상이 되는 토지와 건축물 및 그 토지상의 입목을 말한다.

회원제 골프장용 부동산에 대하여만 중과하도록 하는 관계 법령의 취지와 그 규정 내용에 비추어 보면, 골프장 업자가 회원제 골프장과 일반 골프장을 동시에 경영하는 경우, 비록 「체육시설의 설치·이용에 관한 법률 시행령」 규정에 따라 회원제 골프장 시설로 등록된 건물 및 구축물이라 하더라도 실제로는 회원제 골프장과 일반 골프장의 공동시설로 사용되고 있다면 그 시설 전부가 중과세 대상에 해당하는 것이 아니라 그 실제 용도에 따라 중과세 대상과 일반과세 대상으로 안분하여야 한다. 즉, 회원제 골프장과 일반 골프장의 공동시설로 이용되고 있는 클럽하우스 수위실, 클럽하우스 건물 비품, 주차장, 오수처리장, 테니스장, 정화, 보일러, 소화물 승강기, 태양열 시설, 저수지 등의 취득비용에 대하여 회원제 골프장과 일반 골프장의 등록면적에 의하여 안분하여 그 중 회원제 골프장 부분 만큼에 상응하는 부분에 대하여만 중과하여야 한다(대법원 96누11129, 1997.4.22.).

2. 중과세 신고납부시기

1) 개 요

골프장은 그 시설을 갖추어 「체육시설의 설치·이용에 관한 법률」에 따라 체육시설업의 등록(시설을 증설하여 변경등록하는 경우 포함)을 하는 경우뿐만 아니라, 등록하지 않았더라도 사실상 골프장으로 사용하는 경우에도 중과세를 적용하도록 규정하고 있다. 따라서 등록 이전에 골프장을 사실상 사용하는 경우에는 사용일을 기준으로 중과세 대상이 된다. 일반적으로는 사실상 사용하는 시점을 시범 라운딩 개시 시점으로 보고 있다.

'토지의 사실상 지목변경'이라 함은 토지의 형질변경 등을 통하여 토지의 지목을 변경함으로써 해당 토지의 경제적 가치를 증진시키는 것을 의미하는 것이므로 공부상 지목이 변경되지 않더라도 경제적 성질이 사실상 변경된 지목으로 바뀌었다면 이는 지목변경이 되었다고 볼 수 있는 것이고, 따라서 골프장의 경우 계속적인 시범 라운딩을 통해 골프장으로서의 기능을 하고 있다면 시범 라운딩 등 사실상 골프장으로 사용하는 때가 그 취득일이 된다고 할 것이며, 골프장으로 등록되지 아니하더라도 시범 라운딩이 행해지고 실질적으로 골프 경기가 가능한 골프장은 사실상 사용되는 골프장에 해당하여 사실상 사용하는 부분에 대하여는 취득이 이루어졌다고 할 수 있을 것이나(행정자치부예규, 세정-1513, 2006.4.14. 같은 뜻임), 당초 전·

답·임야인 토지가 골프장으로 사실상 지목변경됨으로써 이를 취득세 과세대상인 간주취득으로 보기 위해서는 형질변경공사와 골프장 조성공사 등만으로는 부족하고 골프코스 간의 작업도로, 골프장에의 진입도로 및 주차장의 포장공사 등 골프장 개설에 따른 모든 공사가 완공되어 전체적으로 골프장으로서의 기능을 사실상 발휘할 수 있음이 객관적으로 인정되어야 할 것이고 그와 같이 골프장으로서의 기능을 사실상 발휘할 수 있음이 객관적으로 인정될 때를 그 취득시기로 보아야 할 것이다(대법원 92누5270, 1993.6.8. 참조).

골프장에 대한 취득세를 부과함에 있어 골프장이 등록 전에 사실상 사용하고 있는 경우 취득의 시기가 명확하지 아니하였던 문제가 있었는바, 2004.7.1. 이후부터는 등록을 하기 전에 시범 라운딩 등 사실상 골프장으로 사용하는 경우 그 부분에 대하여 사실상 사용하는 때가 취득시기가 되는 것으로 개정하여 골프장에 대한 취득세의 납세의무 성립시기를 명확히 함으로써 지방세의 공평성 및 객관성을 높이기 위하여 골프장에 대한 취득세의 납세의무 성립시기를 명확화하였다. 이에 대하여 행정자치부에서는 골프장 중과세 신고납부기한 보완운영지침을 마련하여 회원제 골프장[1]의 취득시기를 종전에는 등록일을 기준으로 판단하고 있었으나 일부 골프장에서 시범운영 등 임시로 사용하는 경우가 있어 이를 사실상 사용일을 기준으로 판단하도록 하되, 2005.1.5. 자로 법령을 개정하여 사실상 취득일 이후 등록 시까지 지출된 지목변경비용은 등록 시점에

---

1) 회원제 골프장에 대하여는 재산세 5%(일반세율0.3% 기준)와 부속토지에 대한 재산세가 분리과세(5%) 등 중과세된다.

추가로 취득한 것으로 보아 중과세하는 것으로 개정하였다(구 지령 §73 ⑧, §86-3 1 나).[2] 이때까지 공사비 등을 과세표준으로 신고납부하여야 하여야 하며, 추가로 공사를 완료하는 경우에는 추가공사비를 수정신고납부하도록 해석하였다.

2) 조례 등에 의하여 중과 배제 시 신고납부기한

「제주특별자치도 설치 및 국제자유도시 조성을 위한 특별법」 제74조 제1항 제1호에 따르면, 「지방세법」 제11조부터 제15조까지의 규정에 따른 취득세의 세율은 도조례가 정하는 바에 따라 100분의 100의 범위 안에서 가감 조정할 수 있는바, 이에 따른 「제주특별자치도세 세율조정 특례 조례」 제5조 제1항에서는 「지방세법」 제13조 제5항에 따른 회원제 골프장은 같은 법 제11조 및 제12조의 세율의 100분의 20을 적용하여 취득세를 산출하도록 규정하고 있다. 따라서 제주특별자치도가 회원제 골프장의 취득세율을 낮게 조정하였다고 하더라도, 신고납부기한에 관한 것은 「지방세법」 상의 규정을 적용하여야 하는 것으로 회원제 골프장업으로 등록한

---

2) 2004.6.30. 이전에는 중과세 신고납부일은 골프장의 개장일부터 30일 이내에 중과세율을 적용하여 산출한 세액에서 이미 납부한 세액을 공제한 금액을 신고납부하여야 한다. 개장일이란 골프장의 개설에 따른 모든 공사가 완공되어 전체적으로 골프장으로서의 기능을 사실상 발휘하는 때(실제로는 체육시설업의 등록일)로 시범 라운딩 개시일 등은 중과세 신고납부의 기산점에 해당하지 아니한다. 그러나 시범 라운딩 등 개장일 전에 「체육시설의 설치·이용에 관한 법률」에 의한 등록을 한 경우에는 그 등록일이 취득세 중과세 신고납부의 기산일이 된다. 개장일이란 골프장의 개설에 따른 모든 공사가 완공되어 전체적으로 골프장으로서의 기능을 사실상 발휘하는 때로서 「체육시설의 설치·이용에 관한 법률」규정에 따라 관련 허가 등을 필하고 골프장으로서의 모든 공사가 완료되어 클럽하우스 운영을 위한 음식점, 휴게실 등의 영업허가를 받고 그린피(Green fee) 등 골프장 이용 요금을 받는 등 영업을 개시하는 때를 의미한다(세정 13430 - 570. 1998.12.30.).

날과 사실상 사용일 중 빠른 날로부터 60일 이내에 취득세를 신고 납부해야 할 것이다(지방세운영과-1946, 2012.6.25.).

3) '시범 라운딩'의 의미

'시범 라운딩'이라 함은 골프장을 개장하기에 앞서 코스 등을 점검하고 기타 미비점을 보완하기 위해 골프장을 개방하는 것으로서, 이와 같은 목적에 그치지 않고 다수의 일반인에게 개방하여 회원 모집을 위한 홍보의 수단으로 활용하거나(대법원 2008두7175, 2008.8.21.) 요금(그린피, 카트피, 캐디피 등)을 유료로 받는 등 실질적인 이익을 취하는 경우(조심 2011지172, 2012.3.7.), 일시적이 아닌 반복적·지속적으로 이루어지는 경우(지방세운영과-2425, 2008.12.5.) 등에는 사실상 골프장으로 사용된다고 보는 것이 타당하다고 할 것이다. 따라서 해당 경우에는 증빙자료(카드매출자료, 홍보자료)를 통하여 그린피 징수 시까지 시범 라운딩을 실시했는지를 판단하여야 한다. 따라서 그린피와 카트피를 받지 않았다고 하더라도 시범 라운딩이 일시적이 아닌 반복적·지속적으로 이루어진 점, 그린피 징수 전에 정식 골프 대회를 개최했던 점, 증빙자료에 따르면 그 이용자의 대부분은 비회원으로서 일반 다중에게 공여되어 홍보수단 등으로 활용된 것으로 보이는 점 등을 감안하여 시범 라운딩을 시작한 때를 판단하여 사실상 골프장으로 사용되었다고 보는 것이 합리적이다(지방세운영과-1351, 2013.7.2.).

한편, 골프장을 조성 중인 상태에서 코스와 조경계획 등 불합리한 부분을 점검하고자 일정기간 동안만 한시적으로 골프회원권을 취득한 회원들을 초청하여 요금(그린피, 카트피, 캐디피)을 받지 않고 코스 시설을 사용하는 경우라면 사실상 골프장으로 사용한 것으로 보기는 어렵다 하겠으므로 취득세 납세의무가 없다(행자부 지방세정팀-2671, 2005.9.14. 참조). 골프장 코스 점검을 위하여 해당 골프장의 회원만으로 구성하여 일정기간 동안만 무료로 시범 라운딩을 하는지 여부, 골프장 코스 점검을 위한 시범 라운딩 후 잔여 공사 마무리 및 불특정다수인을 상대로 영업을 하는지 등을 토대로 해당 골프장 취득시기를 판단하여야 한다(지방세정팀-4988, 2006.10.13.).

4) 토지 중과세

취득세 과세물건을 취득한 후에 그 과세물건이 중과세율의 적용 대상이 되었을 때에는 중과사유발생일(회원제 골프장업으로 등록한 날과 사실상 사용일 중 빠른 날)로부터 30일 이내에 중과세율을 적용하여 산출한 세액에서 이미 납부한 세액(가산세는 제외)을 공제한 금액을 세액으로 하여 신고납부하여야 한다. 따라서 토지 취득일로 5년 이내에 중과사유가 발생된 경우에는 중과세가 되는바, 중과사유일로부터 30일 이내에 중과세를 신고납부하여야 한다. 한편, 토지 취득 후 즉시 중과세되는 경우 일반과세보다 빨리 신고납부해야 할 경우도 있을 수 있다.

5) 토지 지목변경 중과세

지목변경은 토지 취득일로부터 5년 경과 여부와 관계없이 사실상의 지목변경 일에 취득세 납세 의무가 성립되며, 중과세에 해당되는 경우 중과세 대상이 되는 것이다. 이 경우 사실상의 지목변경일로부터 60일 이내에 중과세율을 적용한 취득세를 신고납부하여야 한다.

6) 건축물 중과세

사업부지 내의 건축물은 중과세 대상이 되며, 사업부지 외에 있는 건축물(일반적으로 오수처리장 건축물은 사업부지 외에 있음)은 일반과세대상이 된다.

건축물의 취득시기가 중과세 사유일보다 먼저 도래한 경우에는 취득일로 60일(그 전에 등기하는 경우 등기일) 이내에 일반과세로 취득세를 신고납부할 의무가 있으나, 그 신고납부 전에 중과 사유가 발생된 경우에는 중과세액에서 일반과세 세액을 차감한 금액을 중과 사유일로부터 30일 이내에 신고납부하여야 한다. 이 경우 중과세를 일반과세보다 빨리 신고납부해야 할 경우도 있을 수 있다.

7) 요 약

구분			일반과세			중과세		
			여부	세율	신고납부기한	여부	세율	신고납부기한
토지	사업부지 외		○	2.2%	취득일부터 60일	-	-	-
	원형보전지		○	〃	〃	-	-	-
	사업부지	취득일 5년 경과	○	〃	〃	-	-	-
		취득일 5년 이내	○	〃	〃	○	8.8%	중과사유일부터 30일
지목변경	사업부지 외		×	-	-	×	-	-
	원형보전지		×	-	-	×	-	-
	사업부지	취득일 5년 경과	×	-	-	○	8.8%	중과사유일부터 60일
		취득일 5년 이내	×	-	-	○	〃	〃
건축물	사업부지 외		○	3.16%	취득일부터 60일	×	-	-
	사업부지 내		○	〃	〃	○	8.8% (11.96%)	중과사유일부터 30일(60일)
영§5의 시설	사업부지 외		○	2.2%	취득일부터 60일	×	-	-
	사업부지 내		○	〃	〃	○	8.8% (11%)•	중과사유일부터 30일(60일)•

- 상기 세율에는 농어촌특별세와 지방교육세가 포함된 것임.
- 시범 라운딩일로부터 60일 이내(그 전에 체육시설업 등록이나 건물 등기를 하는 경우에는 그 등록 또는 등기하는 부분에 대하여 그 등록 또는 등기 전까지). 건축물(영 §5의 시설)의 취득일이 회원제 골프장 중과사유일(사실상 사용일과 체육시설업 등록일 중 빠른 날)보다 빠른 경우 일반세율 3.16%(2.2%)로 하여 취득일로부터 60일 이내 신고납부하고 중과세는 8.8%(8.8%)의 세율을 적용하여 중과사유일 부터 30일 이내, 동일한 경우에는 세율 11.96%(11%)로 하여 취득일 즉 중과사유발생일 60일 이내 신고납부하여야 함.

3. 사실상 사용 이후 추가 공사비

사실상 사용일 이후 추가 공사비에 대한 과세표준의 포함 여부에 대하여 살펴보면, 골프장에 대한 사실상 사용일에 이미 납세의무가 성립하였으므로 이를 기준으로 그 이전에 지목변경에 소요된 공사비를 과세표준으로 하여 간주취득의 취득세를 신고하고 납부하여야 한다. 그런데 그 이후 등록일 전까지의 추가 공사비용에 대한 납세의무 발생 여부에 대하여는 다음과 같은 두 가지 견해가 있다.

첫째, 사실상 사용일 이후에 추가로 골프장 조성공사를 하였다고 하더라도 사실상 사용일 이전에 조성공사가 개시되어 추가 공사비가 소요된 경우에는 「지방세법 시행령」 제18조 제1항의 규정에 의하여 취득일 이전에 거래상대방 또는 제3자에게 지급하였거나 지급하여야 할 직접비용과 간접비용에 해당되는 경우 취득세 과세대상에 포함되는 것이므로 과세표준에 포함되나 이는 신고납부일 이후에 지급된 것이므로 수정신고납부하는 형태로 추가 소요비용을 납부하여야 할 것이다.

둘째, 사실상 사용일 이후에 추가로 조성공사를 새로이 개시하는 경우에는 새로이 추가공사를 한 부분은 지목변경이 완료된 이후에 추가 공사를 하였으므로 추가로 해저드, 잔디식재보강공사 등 지목변경에 소요된 비용 등은 과세표준에 포함할 수 없는 것이다. 지목변경의 경우에는 추가로 잔디식재 등 보강공사를 하였다고 하더라도 그 추가 공사비용이 새로운 과세요건을 성립하지 아니하기 때문에 별도의 납세의무가 없다고 보아야 할 것이다.

대법원에서는 건물의 준공검사 이전에 가사용승인을 받아 사용하였다면 그 건물부분에 대한 취득세의 과세표준을 산정함에 있어서는 가사용승인일을 기준으로 그 이전에 그 건물부분을 취득하기 위하여 지급한 비용만을 포함시켜야 할 것이고 가사용승인일 이후 준공검사일까지 그 건물부분에 추가로 소요된 비용을 포함시켜서는 안된다 할 것이다(대법원 93누6690, 1993.7.13.)라고 판시하고 있으나, 시범 라운딩 등으로 사실상 사용한 골프장의 경우 사실상 사용일을 취득시기로 보아 중과세에 의한 취득세를 신고한 경우라 하더라도 사실상 사용일 이후 추가로 공사를 하는 경우 그 추가공사의 원인행위가 사실상 사용 전에 이루어진 경우에는 그 추가 공사비를 과세표준에 포함하는 것으로 해석하고 있다(이에 대한 문제점 등은 취득세 과세표준의 '임시사용승인 이후의 공사비'편 참조). 그런데 사실상 사용일 이후에 추가 공사의 원인행위를 한 것이라면 그 추가 공사가 지방세법령상의 개수에 해당되지 아니한다면 납세의무가 없는 것이다. 이 추가 공사비가 과세표준에 포함된다면 수정신고를 하여야 하는바, 이 수정신고는 과세표준의 증가에 따라 신고납부하는 것이므로 취득세 납세의무가 별도로 성립되었다고 볼 수 없다.

4. 승계취득의 중과적용 여부

2004.7.1. 이후부터는 법조문상 중과대상이 되는 골프장은 그 시설을 갖추어「체육시설의 설치·이용에 관한 법률」의 규정에 의하여 체육시설업의 신규등록을 하는 때(시설을 증설로 변경등록하는 때 포함) 뿐만 아니라 기존 골프장을 승계취득하는 때에는 중과세 대상이 된다. 그런데 법 개정 이후에도 승계취득에 대하여 중과세가 되지 아니하는 것으로 해석한 바 있었다.[3]

한편, 승계취득에 대한 취득세 중과세 배제규정은 1999.1.1. 이후부터 2004.6.30. 이전까지 취득분에 적용되나[4] 재산세의 경우 승계취득한 골프장이라 하더라도 과세기준일 현재 그 현황이 회원제 골

---

3) 회원제 골프장용 부동산 중 구분등록의 대상이 되는 토지 등에 대하여는 ① 체육시설업의 등록을 하는 경우, ② 시설을 증설하여 변경등록하는 경우, ③ 체육시설업의 등록을 하지 아니하더라도 사실상 골프장으로 사용하는 경우에 한하여 취득세를 중과세하는 것이며, 이미 체육시설업의 등록을 하여 중과세율로 취득세를 신고·납부한 기존 골프장용 부동산 중 일부를 승계취득하였다면 그 부분은 중과세 대상에서 제외된다 할 것(행심 제2005-133호 결정, 2005.5.2. 참조)인바, 신청인은 2007.6.12. 이 사건 토지를 포함한 토지 등을 회원제 골프장(○○○○골프클럽)으로 등록하고, 골프장용 토지 중 구분등록대상이 되는 토지에 대해 중과세율을 적용하여 산출한 취득세를 신고·납부하였으므로, 이 사건 토지는 이미 2007.6.12. 회원제 골프장으로 등록할 당시 취득세 중과세 납세의무가 성립(실제로는 등록 당시 국가소유로 비과세)한 것이고, 신청인이 2009.4.10. 기존 골프장용으로 사용 중인 이 사건 토지를 신청외 '안성시 서운면 오촌리(마을회)'로부터 승계취득한 것은 이 사건 토지의 취득일에 체육시설업 등록이나 변경등록 또는 사실상 사용을 개시한 경우에 해당되지 아니하여 취득세 중과세 대상이 아닌 일반과세 대상이라 할 것임에도, 처분청에서 이 사건 토지에 대하여 중과세율을 적용하여 취득세를 중과세한 처분은 잘못이라 할 것이다(경기심사2010-42, 2010.02.24.).
- 지방세 심사례(행심 제2005-133호 결정, 2005.5.2.)는 2004.6.30. 이전 승계취득분에 대한 심사례임에 유의하여야 하는데, 상기 심사례는 이를 잘못 참조하여 결정한 것 같다.
4) 2003.12.30. 법률 제7013호로 개정되기 전의 규정은 다음과 같다. 이 경우 골프장은 그 시설을 갖추어「체육시설의 설치 이용에 관한 법률」의 규정에 의하여 체육시설업의 등록을 하는 때(施設을 增設하여 變更登錄하는 때를 포함한다)에 한하며, 별장·고급오락장에 부속된 토지의 경계가 명확하지 아니한 때에는 그 건축물 바닥면적의 10배에 해당하는 토지를 그 부속토지로 본다.

프장에 해당한다면 중과세 규정이 당연히 적용되었었다. 한편, 기존 골프장을 승계취득한 후 증설하는 경우 그 증설부분과 완공되지 않은 골프장을 인수하여 준공하는 경우에는 승계취득이 아닌 골프장의 신설에 해당되어 중과세 대상이 되었었다.

◆ 기존 골프장 승계 시 중과 사례 ◆

○ 현 황
① 'A'사는 기존에 골프장을 운영하고 있는 'B'사를 인수하려 하나 보증관계 등의 복잡함으로 'B'사의 자산, 부채 중 골프장과 관련한 토지 및 건축물과 회원분양금만을 인수하여 A법인 명의로 「체육시설의 설치·이용에 관한 법률」에 의하여 체육시설업 등록을 하려 함.
② 'A'사가 인수하는 시점은 2002.7.1.
③ 'B'법인의 인수대가 'A'법인이 지급하는 금액은 200억 원(계약서상 장부가액 120억 원과 영업권평가액 80억 원)임.

○ 질 의
① 'B'법인을 인수 시 'A'법인 입장에서는 체육시설업의 신규등록에 해당되어 취득세가 중과되는지? 또한 'A'법인이 인수에 따라 과점주주가 된다면 과점주주에게도 중과문제가 발생하는지?

가. 「체육시설의 설치·이용에 관한 법률」의 규정에 의하여 회원제 골프장용 부동산으로 구분 등록하는 때(시설을 증설하여 변경 등록하는 때를 포함)에 한하여 취득세를 중과세하도록 규정하고 있는바, 이는 「체육시설의 설치·이용에 관한 법률」의 규정에 의하여 회원제 골프장용 부동산으로 신규 등록(원시취득) 시 1회에 한하여 중과세한다는 의미임.
나. 따라서 1999.1.1. 이후부터 2004.6.30. 이전까지 승계취득하는 것에 해당되어 중과규정이 적용되지 아니하며, 인수에 따른 과점주주의 간주취득 역시 중과문제가 발생하지 아니하고 일반세율에 의한 취득세만 부담하면 됨.
• 상기 사례는 2002.7.1. 승계취득한 것으로 중과세가 되지 아니하는 것이나, 2014.7.1. 이후 승계취득의 경우에는 법조문상 중과세가 되는 것으로 해석하여야 할 것이고, 인수에 따른 과점주주의 간주취득 역시 중과문제가 발생될 것으로 판단됨(개인과 법인 모두 사치성 재산에 대하여 취득세가 중과세되므로 회원제 골프장의 경우 간주 취득세도 중과세되는 것으로 해석하여야 할 것임). 그런데 승계취득에 대하여 중과세가 되지 아니하는 것으로 해석한 바 있었음.

② 'B'법인의 재무상태표상 골프장용 부동산의 장부가액은 120억 원이나 'A'법인이 인수 시 영업권 명목으로 80억 원을 추가로 지급하여 골프장용 부동산을 인수할 경우 취득세의 과세표준은?

○ 과세표준
골프장용 부동산을 유상승계 취득할 때 취득가격에는 과세대상 물건의 취득시기를 기준으로 그 이전에 해당 물건을 취득하기 위하여 거래상대방 또는 제삼자에게 지급하였거나 지급하여야 할 일체의 비용이 되는 것이므로 200억 원이 타당함.
• 상기 사례는 세정 13407-591, 2001.6.4.과 세정13407-129, 2001.2.2.의 회신내용을 기초로 하여 작성한 것임.

5. 골프장의 중과세 대상

골프장의 신설 시 중과세 대상의 판단은 대체로 승계취득한 토지가 골프장용 토지가 되면서 발생하는 중과문제, 골프장의 공사로 인한 지목변경 시 간주취득 과세규정에 따른 중과세 대상이 되는 과세표준액의 산정 및 취득시기 문제 등을 들 수 있다.

1) 토지에 대한 취득세

토지를 취득한 후 5년 이내에 골프장용 토지가 된다면 취득 당시에는 골프장용이 아니었으므로 일반과세인 2%를 취득세로 신고납부하였을 것이고 그 취득일부터 5년 이내에 중과세 대상이 되는 골프장용 토지가 된 경우 이미 과세된 2%를 공제하고 중과세율과의 차액인 8%(10%-2%)를 「체육시설의 설치·이용에 관한 법률」에 의한 등록을 한 날과 사실상 사용일 중 빠른 날로부터 60일 내에 신고납부하여야 한다. 따라서 토지 취득 후 5년이 경과한 후에 골프장용 토지에 해당된다면 중과세 규정이 적용될 여지가 없다. 연부취득의 경우 연부금 지급일이 각각의 취득시기가 되므로 연부금 지급일과 「체육시설의 설치·이용에 관한 법률」에 의한 등록을 한 날과 사실상 사용일 중 빠른 날을 비교하여 5년 경과 여부를 판단하여야 한다.

◆ 연부취득과 중과세 판단 사례 ◆

○ **토지 연부취득일자**
2008.5.1. 계약금 지급 2009.5.1. 1차부불금
2010.5.1. 2차부불금
2011.5.1. 3차부불금
2012.5.1. 잔금 완납(당초 연부취득계약서상 잔여 부불금을 일시납부)
2012.5.6. 소유권이전등기

○ **골프장 사실상 취득일 2008.6.10.**
2008.5.1. 지급한 계약금은 계약금 지급일로부터 5년이 경과한 후에 골프장 등록이 이루어졌으므로 중과세 대상에서 제외된다.

① 조정지

「체육시설의 설치·이용에 관한 법률 시행령」제20조 제1항 제3호에서는 구분등록 대상의 하나로 조정지를 규정하면서 골프코스와는 별도로 오수처리 등을 위하여 설치한 것은 제외한다고 규정하고 있다. 따라서 「체육시설의 설치·이용에 관한 법률」에 따라 조정지로 구분 대상이 되는 경우라면 중과세 대상에 해당된다(지방세운영과-598, 2013.2.28.).

② 원형보전지

기존 회원제 골프장 인근의 염전·갈대밭·잡종지·임야 등을 기존 운영 중인 골프장 관리시설의 부속토지 및 조경지 등으로 활용하기 위하여 「체육시설의 설치·이용에 관한 법률」에 의거 변경등록을 하였다 하더라도 변경등록을 한 후에도 동 토지에 골프장의 관리시설

을 건축하거나 조경시설을 하지 않았음은 물론, 체육시설용지로서의 지목변경 없이 변경등록 전과 동일한 원형지 상태로 유지하고 있는 경우라면 취득세 중과세 및 재산세의 분리과세대상이 되지 않는다 할 것이다(세정과-1200, 2005.6.15.). 그리고 골프장 경내의 토지 중 경계가 명백한 임야는 중과세 대상 사치성 재산에서 제외된다(세정 1268-11804, 1979.7.23.).

 지목에 불구하고 경계가 명백한 임야는 골프장용 토지에서 제외된다고 내무부 골프장 범위 결정에 관한 세부지침이 있었는데, 최근 해석에서는 코스와 코스 사이에 존치되는 원형보전지가 「체육시설의 설치·이용에 관한 법률 시행령」에 따른 구분등록 대상이 아니라면 중과세 대상이 아니다. 다만, 구분등록 되어 있지 않은 원형보전지의 경우라도 「체육시설의 설치·이용에 관한 법률 시행령」에 따른 구분등록 대상이 되는 토지라면 중과세 대상에 해당된다(지방세운영과-598, 2013.2.28.)고 규정하고 있다. 이 해석에서는 경계가 명백한 임야는 제외한다는 규정이 없이 「체육시설의 설치·이용에 관한 법률」에 따른 회원제 골프장용 부동산 중 구분등록의 대상이 되는 토지'라 되어 있지만, 구분대상 토지의 범위에 '골프장의 운영 및 유지·관리에 활용되고 있는 조경지(골프장 조성을 위하여 산림훼손, 농지전용 등으로 토지의 형질을 변경한 후 경관을 조성한 지역을 말한다)'라고 규정되어 있어서 원형보전지는 형질변경을 하지 아니하였는바, 중과세 대상이 되지 아니하는 것으로 보고 있어서 원형보전지에 대하여 취득세와 재산세를 중과하지 않고 일반과세하고 있으나, 재산세의 경우 종합합산과세대상이 되어 종합부동산세도 부담하고 있다.

2) 골프장의 공사로 인한 지목변경

임야 등을 취득하여 체육용지로 지목변경하는 경우 골프장으로서의 중과세할 수 있는 시기는 토지의 지목변경에 따른 취득은 토지의 지목이 사실상 변경된 날에 취득한 것으로 보나, 사실상 지목변경일을 알 수 없는 경우에는 공부 등에 의하여 입증되는 날(골프장 조성공사가 준공됨으로써 체육용지로 지목변경되는 때임)을 취득일로 보는 것이다. 여기에서 체육용지로 지목변경되는 시점을 언제로 볼 것인지에 따라 그때까지 소요된 일체의 비용이 취득세 과세표준이 될 것이다. 골프장의 공사과정은 임야인 토지를 취득하여 형질변경(절토, 성토, 옹벽공사 등)허가를 득한 후 터파기공사를 실시하여 골프장 조성공사 등을 하고 골프코스 간의 작업도로, 골프장에의 진입도로 및 주차장의 포장공사 등 골프장 개설에 따른 공사 등이 이루어질 것이다. 사실상 지목변경일은 모든 공사가 완공되어 전체적으로 골프장으로서의 기능을 사실상 발휘할 수 있음이 객관적으로 인정되어야 하고 이때를 취득시기로 보아 그때까지 소요된 비용이 취득세 과세표준이 된다(대법원 92누18818, 1993.6.8.). 결국 모든 공사가 완공되어 전체적으로 골프장으로서의 기능을 사실상 발휘할 수 있음이 객관적으로 인정되는 때라 함은 「체육시설의 설치·이용에 관한 법률 시행규칙」 제23조 제2항 관련 허가 등을 필하고 골프장으로서의 영업을 개시하는 시점이 될 것이 등록을 하기 전에 시범 라운딩 등 사실상 골프장으로 사용하는 경우 그 부분에 대하여 사실상 사용하는 때가 취득시기가 되며, 그 이후 등록 시까지 지출된 지목변경비용은 등록시점에 추가로 것으로 보아 중과세하는 것으로 개정되었다.

첫째, 골프장으로서의 조성 시기는 사실상 토지의 지목변경이 된 날이므로 임야 등 토지의 터파기공사 등을 시행하여 잔디식재 전까지 정지작업을 완료한 시점을 지목변경이 완료된 시점으로 볼 수가 없는 것이며, 골프장으로 사용할 수 있도록 잔디식재, 조경공사 등을 시행하여 그 골프장의 조성공사가 완료되어 사실상 골프장으로 사용하는 시점을 취득시기로 보아야 할 것이므로 당초 전·답·임야인 토지가 체육용지인 골프장으로 사실상 지목변경됨으로써 취득세과세대상인 간주취득으로 보기 위하여는 절토, 성토 등 형질변경 공사와 골프장 조성공사 등만으로는 부족하고 골프코스간의 작업도로 골프장 진입도로 및 주차장의 포장공사 등 골프장 개설에 따른 모든 공사가 완료되어 전체적으로 골프장으로서의 기능을 사실상 발휘할 수 있음이 객관적으로 인정될 때를 취득시기로 보아 그 소요된 비용을 취득세 과세표준으로 하여야 하는 것이다.

둘째, 전·답·임야에 대한 산림훼손(임목의 벌채 등), 형질변경(절토, 성토, 벽공사 등), 농지전용 등의 공사뿐만 아니라 잔디의 파종 및 식재, 수목의 이식, 조경작업 등과 같은 골프장으로서의 효용에 공하는 모든 공사를 완료하여 골프장 조성공사가 준공됨으로써 체육용지로 지목변경이 되는 때이므로, 토목공사는 물론 잔디 파종 및 식재 비용, 임목의 이식비용 등 골프장 조성에 들인 비용은 모두 토지의 지목변경으로 인한 가액 증가에 소요된 비용으로서 지목변경에 의한 간주취득의 과세표준에 포함되고, 또한 중과세율이 적용되어야

한다(대법원 96누12634, 1998.6.26. 참조).[5]

그리고 입목의 구입 및 식재비용이 골프장 조성에 들인 비용으로서 골프장용토지의 취득을 위한 것이므로 지목변경에 의한 간주취득의 과세표준에 포함됨은 물론 중과세율이 적용된다고 등록대상의 하나로 '골프장의 운영 및 유지·관리에 활용되고 있는 조경지(자연상태 포함) 및 골프장의 유지·관리에 사용되는 토지'를 규정하고 있으므로 골프장 내에 위치한 자연상태의 조경지가 여기서 말하는 등록대상으로서 취득세 중과대상에 해당한다고 하기 위해서는 골프장의 운영 및 유지·관리에 활용되고 있는 것이라야 할 것이므로 자연상태 그대로인 원형지는 골프장의 운영 및 유지·관리에 활용되고 있지 아니하므로, 취득세 중과대상에 해당하지 아니한다(대법원 99두9919, 2001.7.27.).

셋째, 기존 회원제 골프장 인근의 염전·갈대밭·잡종지·임야 등을 기존 운영 중인 골프장 관리시설의 부속토지 및 조경지 등으로 활용하기 위하여 「체육시설의 설치·이용에 관한 법률」에 의거 변경등록을 하였다 하더라도 변경등록을 한 후에도 동 토지에 골프장의 관리시설을 건축하거나 조경시설을 하지 않았음은 물론, 체육시설용지로서의 지목변경 없이 변경등록전과 동일한 원형지 상태로 유지하고 있는 경우라면 취득세 중과세 및 재산세의 분리과세대상이 되지 않는다 할 것이다(세정과-1200. 2005.6.15.).

---

5) 「지방세법」에서 취득세 과세대상으로서의 구축물의 범위에 관하여 별도로 규정하고 있는 것은 구축물의 취득을 토지의 가액 증가 여부를 불문하고 토지와 분리하여 과세대상으로 포착하고자 함에 있을 뿐 지목변경 등으로 인하여 토지의 가액 증가가 수반되는 경우 취득세의 과세대상을 논함에 있어 토지의 구성 부분을 이루는 구축물을 토지의 일부로 보아 평가하는 것까지 부정하는 것은 아니다(대법원 92누18818, 1993.6.8.).

6. 과세표준 포함 여부

「체육시설의 설치·이용에 관한 법률」에 의한 구분등록의 대상으로서 구분등록을 하지 않았다 하더라도 사실상 골프장으로 사용하는 경우에도 골프장으로 보도록 규정하고 있어 구분등록 대상이 되는 토지 및 건축물에 대해서는 실제 구분등록을 하였는지를 가리지 아니하고 중과세하여야 한다(감심 2008-257, 2008.10.1.). 이러한 취지에서 취득세와 재산세 등의 부과대상이 되는 급매수시설 등의 시설물은 그것이 골프장의 용도에 직접 사용되는 경우에는 실제로 따로 구분등록이 되었는지 와는 상관없이 중과세율이 적용되는 골프장용 건축물에 해당한다(대법원 2001두 25142, 2013.9.26.)라고 판시하고 있다. 따라서 해당 경비실, 진출입도로 및 기숙사 등이 해당 골프장의 효용증진을 위하여 필수 불가결한 도로나 건축물로서 사실상의 골프장에 해당될 경우 과세표준에 포함하여야 한다(지방세운영과-2249, 2009.6.5.).

한편, 「체육시설의 설치·이용에 관한 법률 시행령」 제20조 제3항에서는 구분등록 대상이 되는 관리시설에는 사무실·휴게시설·매점 등 골프장 안의 모든 건축물을 포함하되, 골프연습장·연수시설 등 골프장의 용도에 직접 사용되지 아니하는 건축물은 제외한다고 규정되어 있고 골프장 내 직원 및 캐디를 위한 기숙사가 같은 법 상 구분등록을 해야 하는 관리시설인지 여부에 대하여 살펴보면, 문화체육관광부에서는 직원 및 캐디 전용 기숙사를 격오지에 위치한 골프장업의 특성상 직원 출근 등의 불편을 해소하기 위한 선택적 복지시설로서 골프장의 관리·유지를 위해 반드시 필요한 시설로 보기 어렵다고 판단하고 있다(문화체육관광부 스포츠산업과-1479, 2014.7.29. 참조). 따라서 같은 법 시행령에서 골프장의 용도에 직접 사용되지 않는 건축물의 예로써 제시된 골프연습장·연수시설 등과 비교하더라도, 골프장 내 직원용 기숙사는 골프장의 유지 관리에 더 밀접한 관련성을 가진다고 보기는 어렵다고 판단되므로 중과대상 골프장 및 그 부속토지에 해당되지 않아 일반과세함이 타당하다(지방세운영과-3829, 2014.11.14.)라고 해석하고 있어서 적용함에 있어 혼란을 주고 있다.

◆ 구분등록의 대상이 되는 토지 및 골프장 안의 건축물(체시령 §20 ④) ◆

① 골프코스(티그라운드·페어웨이·러프·해저드·그린 등을 포함한다)
② 주차장 및 도로
③ 조정지(골프코스와는 별도로 오수처리 등을 위하여 설치한 것은 제외한다.
④ 골프장의 운영 및 유지·관리에 활용되고 있는 조경지(골프장 조성을 위하여 산림훼손, 농지전용 등으로 토지의 형질을 변경한 후 경관을 조성한 지역을 말한다)
⑤ 관리시설(사무실·휴게시설·매점·창고와 그 밖에 골프장 안의 모든 건축물을 포함하되 수영장, 테니스장, 골프연습장, 연수시설, 오수처리시설 및 태양열이용설비 등 골프장의 용도에 직접 사용하지 아니하는 건축물을 제외한다) 및 그 부속토지[6]
⑥ 보수용 잔디 및 묘목·화훼 재배지 등 골프장의 유지·관리를 위한 용도로 사용되는 토지

---

[6] 회원제 골프장 내에 위치한 골프텔이 골프장 이용 고객과 골쓰상을 운영하는 법인 소속 직원들의 숙소로 제공되는 경우라면 당해 골프장의 용도에 직접 사용되는 건축물로 볼 수 없어 구분등록대상으로 보기는 어렵다고 사료된다(문화관광부 스포츠산업팀-3112, 2007.12.31. 참조).

과세표준 포함 여부 사례들을 열거하여 보면 다음과 같다.

① 골프장의 신규 등록시 골프장 조성을 위해 산림훼손, 농지전용 등으로 인하여 토지의 형질을 변경 후 경관을 조성한 지역 이외의 자연상태의 지역과 관리시설 중 수영장, 테니스장, 골프연습장, 연수시설, 오수처리시설 및 태양열 이용설비 중 골프장의 용도에 직접 사용되지 아니하는 부분(「체육시설의 설치·이용에 관한 법률」에 의한 등록대상이 아닌 것)에 대하여는 중과대상에서 제외된다.

그리고 대체농지조성비, 측량관리비, 벨트웨이설치비 및 게이트볼장, 축구장, 테니스장 조성비, 폐수집수정화탱크, 저수순환장치기급수시설 등은 골프장 조성에 들인 비용으로서 지목변경수반시 모두 간주취득비용에 해당되어 취득세 중과대상에 해당한다(대법원 98두6876, 2001.1.16.). 또한 회원제 골프장과 일반 골프장(퍼블릭, 간이)의 공동시설로 이용되고 있는 클럽하우스, 수위실, 주차장, 오수처리장, 테니스장 등의 취득부대비용 등에 대하여는 회원제 골프장과 일반 골프장의 등록면적에 따라 안분하여 회원제 골프장에 해당하는 면적만큼만 중과세 대상에 해당된다(대법원 96누11129, 1997.4.22.).

오수처리시설의 저류지가 사업부지 내에 있으면 중과세 대상이 되며, 골프연습장이 사업부지 내에 있다면 중과세가 되는 것이고, 경기 및 스포츠업을 경영하기 위하여 「부가가치세법」 제5조에 따라 사업자등록을 한 자의 사업에 이용되고 있는 「체육시설의 설치·이용에 관한 법률 시행령」 제2조에 따른 체육시설용 토지로서 사실상 운동시설에 이용되고 있는 토지 (「체육시설의 설치·이용에 관한 법률」에 따른 회원제 골프장용 토지 안의 운동시설용 토지 제외)는 별도합산 과세대상 토지이므로 사업부지 외에 있다면 체육시설용 토지로서 사실상 운동시설로 이용되고 있다면 별도합산이 될 것이다.

〈사 례〉 대체농지조성비, 측량관리비, 벨트웨이설치비 및 게이트볼장·축구장·테니스장 조성비, 폐수집수정화탱크, 저수순환장치 취득세 과세대상 여부(대법원 98두6876, 2001.1.16.)

대체농지조성비, 측량관리비, 벨트웨이설치비 및 게이트볼장·축구장·테니스장 조성비가 골프장 조성에 들인 비용으로서 지목변경으로 인한 간주취득비용이고, 폐수집수정화탱크는 골프장 건물의 일부이며, 이 사건 저수순환장치가 급수시설이므로 모두 골프장건물신축과 관련한 취득세 과세대상에 해당됨.

〈사 례〉 회원제 골프장 시설로 등록되었으나 실제로는 회원제 골프장과 일반 골프장의 공동시설로 사용되는 경우(대법원 96누11129, 1997.4.22.)

회원제 골프장 시설로 등록된 건물 및 구축물이라 하더라도 실제로는 회원제 골프장과 일반 골프장의 공동시설로 사용되고 있다면 그 시설 전부가 중과세 대상에 해당하는 것이 아니라 그 실제 용도에 따라 중과세 대상과 일반과세 대상으로 안분하여야 한다. 이 사건은 회원제 골프장과 일반 골프장의 공동시설로 이용되고 있는 클럽하우스, 수위실, 클럽하우스 건물비품, 주차장. 오수처리장, 테니스장, 정화조, 보일러, 소화물 승강기, 태양열 시설, 저수지 등의 취득비용에 대하여 회원제 골프장과 일반 골프장의 등록면적에 의하여 안분하여 그 중 회원제 골프장 부분에 상응하는 만큼에 대하여만 취득세를 중과하여야 함.

② 공사기간 중 회원권 판매업무와 일반관리 업무를 위하여 건설현장이 아닌 본사에서 발생한 임·직원급여(공사인부 노임 제외), 차량유지비, 교통비, 통신비, 접대비 등 일반관리비와 회원권 분양광고비는 과세표준에서 제외된다(행심2001-57, 2001.2.27.).

〈사 례〉 골프장의 개업비 중 골프장 조성과 무관한 비용(행심2001-57, 2001.2.27.)

> 골프장 조성공사를 ㈜○○에 일괄도급하고 도급비용총액을 이 건 취득세 과세표준액에 포함시켰고, 1996년~1999년간 코스관리 등을 위하여 이 건 골프장에 투입된 청구인 소속직원들에 대한 인건비(총 177,947,020원)는 건설중인 자산으로 별도 회계처리하여 이 건 골프장의 취득세 과세표준액에 포함시킨 반면, 총무 등 일반관리부서의 임직원 인건비, 여비교통비, 접대비, 소모품비, 도서인쇄비, 차량유지비, 지급수수료 보험료, 통신비, 세금과 공과금, 지급임차료, 광고선전비, 수선비, 잡비, 유가증권처분손실, 운반비, 교육훈련비, 전력비 등은 개업비 계정으로 처리하였음을 제출된 증빙자료를 통하여 확인할 수 있는바, 이러한 개업비는 골프장 조성에 소요된 비용이라기보다는 회원권 판매 및 법인의 일상적인 경비로서 골프장을 취득하기 위하여 지급한 일체의 비용에 포함될 수 없는 성질의 것이므로 골프장의 취득가액에서 제외되어야 함이 타당함.

◆ **지목변경과 과세표준 포함 여부 판단 사례** ◆

○ 개황
① 2012.6.27. 회원제 골프장 등록(체육시설업)
② 2007.6.1. 골프장 건설목적의 토지(임야)취득 100억 원
③ 골프장용 토지취득 후 사업승인을 얻기 위한 각종 일반경비 10억 원 발생
④ 골프장용 토지착공 이전에 농지전용부담금, 대체조림비, 분묘이전비 20억 원 발생

○ 질의 답변
① 2007.6.1. 토지취득 후 2012.6.27. 회원제 골프장용 토지로 사용시 중과 규정이 적용되는지 여부
가. 최초 토지취득 후 5년이 경과한 후에 골프장용 토지에 해당되었으므로 중과 규정이 적용되지 아니함.
나. 2007.6.1. 임야 취득시 신고납부한 취득세 이외에 추가 부담할 취득세는 없음.
② 골프장용 토지취득 후 사업승인을 얻기 위한 각종 일반 경비 및 착공 이전에 발생한 농지전용부담금, 대체조림비, 분묘이전비 등은 토지의 자본적 지출에 해당되어 토지 취득 후 5년이 경과되었으므로 비과세되는지 여부
가. 토지의 지목변경이 발생(임야→체육용지)시 지목변경으로 인하여 증가한 가액을 과세표준으로 하여 취득세를 부과함.
나. 과세표준은 과세대상물건의 취득시기를 기준으로 그 이전에 해당 물건을 취득하기 위하여 거래상대방 또는 제삼자에게 지급하였거나 지급하여야 할 일체의 비용(소개 수수료, 설계비, 연체료, 할부이자 및 건설자금에 충당한 금액의 이자 등 취득에 소요된 직·간접비용 포함)이 됨.
다. 골프장 공사와 관련한 간접비용의 성격인 각종 일반경비와 농지전용부담금, 대체조림비, 분묘이전비 등은 모두 토지의 지목변경으로 인한 가액 증가에 소요된 비용으로써 과세표준에 포함되어 중과세율이 적용됨.
라. 중과금액: 30억 원 × 10% = 3억 원
• 상기 사례는 행심 2002-278, 2002.7.29.의 결정내용을 기초로 내용을 수정한 것임.

③ 골프장 지역 밖에 위치한 저수지의 준설공사비와 인근주민의 위로금, 마을주민용 집수정호 심정공사비 등은 중과대상에서 제외된다. 그리고 골프장 인·허가시 당초 국가 등에 기부채납을 조건으로 하여 취득한 부동산은 취득세가 비과세되나, 기부채납을 조건으로 하지 아니하고 골프장 등록 이외의 지역에 진입로를 개설한 후

기부채납을 한 경우 지목변경에 해당할 경우 일반과세 대상에 해당한다.

④ 저류조 시설은 골프코스 내에 위치한 해저드로서 골프장으로 구분 등록된 시설이므로 중과 대상에 해당한다(행심 99-398, 1999.6.30.).

⑤ 조명타워시설은 골프장의 이용도를 높이고 골프장 이용객의 편리를 제공하는 시설임에도 그 시설이 체육용지로의 지목변경에 포함되는 성질의 것이 아니며 취득세 과세대상으로 볼 수 있는 규정도 없어 과세표준에서 제외된다(행심 2000-176, 2000.03.29., 행심 99-398, 1999.6.30.). 이에 대해 감사원 심사례에서 옥외조명타워시설을 골프장으로서의 효용과 경제적 가치를 증대시키는 것으로서 지목변경을 수반하는 일체의 비용에 해당하는 것으로 보아 중과 대상에 포함시킨 사례도 있다(감심 99-338, 1999.11.9.).

<사 례> 옥외조명타워시설이 중과대상에 해당한다는 사례(감심 99-338, 1999.11.9.)

> 옥외전기시설은 특고압전력 설비, 옥외 계장설비, 레이크폭기 조설비, 통신관로설비, 옥외 약전설비, 가압장설비 등으로 구성되었는바, 이 중 특고압설비는 구「지방세법 시행규칙」제40조의 3 제3호에 규정된 구내의 변전·배전시설에 해당되어 이 공사비용은 중과세율 적용대상 과세표준에 산입되어야 하고 나머지 옥외계장설비 등은 클럽하우스, 티하우스, 지하수시설과 저류조시설 등에 필요한

전력을 공급하거나 통신을 제공하는 시설 등으로서 이들 시설 자체로서는 취득세 과세대상이 아니라 하더라도 이들 공사비용은 구분등록대상으로서 중과세율 적용대상인 클럽하우스, 저류지(조정지) 등을 취득하는 데 수반되는 부대비용으로 볼 수 있으므로 옥외전기시설비는 중과세율 적용대상 과세표준에 포함된다 할 것이다. 그리고 클럽하우스와 주차장주변의 조경과 12번 홀부터 18번 홀까지의 옥외코스조명시설은 골프장으로서의 효용과 경제적 가치를 증대시키는 것으로서 피합병법인이 1996.11.27. 청구 외 경상남도지사에게 「체육시설의 설치·이용에 관한 법률」 제21조 제1항의 규정에 따라 구분 등록한 토지 599,466㎡ 안에서 이루어졌고 지목변경비에는 지목변경을 위한 산림훼손, 절토·성토 등의 공사비뿐 아니라 잔디의 파종과 식재, 수목이식 등을 위한 공사비와 야간경기를 위한 시설공사비도 포함된다 할 것이므로 위 조경공사비와 옥외코스조명공사비 역시 중과세율 적용대상 과세표준에 포함된다 할 것이다. 그러므로 옥외 전기공사비, 옥외코스조명공사비, 조경 공사비 모두 취득세가 중과되는 과세물건을 취득하는 데 투입된 비용이 아니라는 청구인의 주장은 이유 없다 할 것임.

⑥ 골프장에 설치한 에스컬레이터는 골프장 이용객의 편의를 제공하는 시설이기는 하나 그 시설이 건물 또는 구축물에 부착된 것이 아니라 코스와 클럽하우스 간 이동로에 설치된 것이므로 건물과 구축물의 특수한 부대설비로 볼 수 없음은 물론 골프장의 지목변경을 위하여 설치한 시설로 볼 수도 없으므로 그 설치비용은 과세표준에서 제외된다(행심 99-398, 1999.6.30.).

〈사 례〉 골프장 내에 설치한 에스컬레이터 과세대상 여부(지방세심사 99-398, 1999.6.30.)

골프장 내에 설치한 에스컬레이터가 과세대상이 되는지에 대하여 보면, 에스컬레이터는 골프장 이용객의 편의를 제공하는 시설이기는 하나, 그 시설이 건물 또는 구축물에 부착 설치된 것이 아니라 코스와 클럽하우스 간 이동로에 설치된 것이기 때문에 '건물과 구축물의 특수한 부대설비'로 볼 수 없음은 물론, 골프장의 지목변경을 위하여 설치한 시설로 볼 수도 없으므로 그 설치비용은 취득세 과세표준에서 제외함이 타당하며, 골프장 이용객의 안전을 위하여 골프코스 사이에 설치한 피뢰침의 경우도 건축물에 부착 설치된 특수부대설비가 아님은 물론, 골프장의 지목변경을 위한 시설도 아니므로 그 설치비용 또한 과세표준에서 제외하여야 할 것임.

⑦ 스프링클러는 골프장 내 잔디의 생육을 위하여 설치한 급배수시설에 해당하는 것이므로 그 헤드 부분만을 떼어내 별도의 기계장치로 보아 취득세 과세대상에서 제외할 수 없어 중과세 대상에 해당한다(대법원 89누5638, 1990.7.13., 행심 99-398, 1999.6.30.).

⑧ 잔디파종 및 식재비용, 임목의 이식비용 등도 중과세 대상에 해당한다(대법원 99두9919, 2001.7.27., 대법원 99누12634, 1998.6.26.).

7. 대중제 골프장으로 변경 등록한 경우 취득세 중과 여부

골프장에 대하여 취득세 중과세율을 적용하려면 우선 중과세 요건을 충족하여야 하는 것인바, 「체육시설의 설치·이용에 관한 법률」 제19조에서 골프장 사업계획승인을 받은 자가 시설을 갖춘 때에는 영업하기 전에 시도지사에게 그 체육시설업의 등록을 하여야 한다고 규정하면서 같은 법 제20조에서 회원제 골프장으로 등록하려는 자는 해당 토지 및 건축물을 구분 등록하여야 한다고 규정하고 있는 점, 「지방세법」 제13조 제5항 본문 및 제2호에서 중과세율 적용 대상 골프장은 「체육시설의 설치·이용에 관한 법률」에 따른 회원제 골프장용 부동산 중 구분등록의 대상이 되는 토지와 건축물 및 그 토지 상上의 입목으로 규정하고 있는 점, 특정 회원권을 발행하여 상대적으로 부담능력이 있는 특정인만을 출입하게 하는 회원제 골프장에 대해서만 사치성 고급시설로 인정하여 취득세 중과세 대상으로 보는 점(헌재 94헌마203, 1995.6.29. 판결 참조) 등을 종합적으로 고려해 볼 때, 취득세 중과세 요건을 충족한 골프장의 경우 「체육시설의 설치·이용에 관한 법률」에 따라 구분 등록하는 회원제 골프장에 한정된다고 할 것이다. 따라서 회원제 골프장으로 사업 인가를 받았다고 하더라도 변경인가를 통하여 「체육시설의 설치·이용에 관한 법률」에 따라 대중제 골프장으로 등록한 경우라면 대중제 골프장이라고 할 것이므로 이는 회원제 골프장 등록으로 한정하고 있는 취득세 중과세 대상 골프장에 해당되지 아니한다고 할 것이다(지방세운영과-2896, 2012.9.12., 행심 2005-0098, 2005.1.11.).

8. 신설 후 공사비

  회원제 골프장이 신설(지목변경)되는 경우 토지, 지목변경을 하므로 지목변경과 관련한 공사비, 건축물 및 입목에 대하여 중과세하고 있으나, 신설 후 공사하는 경우 시설을 증설하여 변경 등록하는 경우에 한하여 중과세하는 것으로 규정되어 있다. 그런데 최근 신설 후에 별도로 입목(조경수)을 이식하더라도 이를 중과세하고 있는 것으로 알고 있다.
  스프링클러가 급배수시설로서 건축물에 해당되어 취득세 과세대상이 되므로 스프링클러(가압 부스터 펌프 설치 및 배관공사)는 취득세 과세대상이 될 것이다. 그런데 시설을 증설하여 변경등록하는 경우가 아닐 때에는 중과세가 아닌 일반과세를 하여야 할 것이다.
  한편, 카트도로의 경우 별도의 건축물에 해당되지 아니하므로 지목변경을 수반하지 아니하거나 시설을 증설하여 변경등록하지 아니하는 경우에는 취득세 과세대상이 아니므로 신설(지목변경) 후에 지목변경 또는 변경등록과 무관하게 별도로 카트도로를 설치한 경우에는 그 공사비는 취득세 과세대상이 되지 아니할 것이다.

9. 타인명의 토지

타인 토지 위에 법인이 지목변경을 하는 경우에는 지목변경공사비는 시공자인 법인이 지목변경공사를 할 때에 소용되는 비용을 과세표준으로 하며 회원제 골프장인 경우에는 동 지목변경에 대하여 중과세가 된다. 이와 더불어 토지 중과세도 토지 취득일을 기준으로 5년 이내인 경우에는 중과세 대상이 된다. 한편, 이 경우 납세의무자는 법인이 아니라 토지 소유자인 타인이 되는 것임에 유의하여야 하며, 국가 등 비과세대상자는 비과세되는 것으로 국유지를 회원제 골프장의 사업장 부지면적에 포함되어 있다면 그 면적에 해당하는 지목변경 등의 과세표준은 비과세 대상이 되는 것이다.

10. 기부채납 진입도로

골프장 인·허가시 기부채납 조건이 있는 경우 기부채납 예정 부동산에 대하여는 비과세가 된다. 일반적으로 진입도로가 기부채납되는 경우 그 해당분에 대하여는 비과세하여야 한다.

11. 신탁 후 회원제로 변경한 경우

　신탁계약으로 수탁자에게 명의가 이전된 후에 회원제 골프장으로 지목이 변경되었다고 하더라도 수탁자의 경우 형식적인 취득자로서 취득세를 비과세하고 있는 점에 비추어 볼 때 해당 토지의 실질적인 소유자는 여전히 위탁자라고 할 것인 점, 지목변경에 따른 중과세율 적용과 같이 수탁자를 납세의무자로 볼 경우 취득한 후 5년 이내를 수탁일부터 다시 기산하게 되므로 과도하게 연장되는 한편, 수탁자는 비과세대상으로 중과세하려는 입법취지가 훼손될 우려가 있는 점, 법규 상호 간의 해석을 통하여 그 의미를 명백히 할 필요가 있는 경우에는 조세법률주의가 지향하는 법적 안정성 및 예측가능성을 해치지 않는 범위 내에서 입법취지 및 목적 등을 고려한 합목적적 해석을 하는 것은 허용된다고 할 것(대법원 2007두4438, 2008.2.15. 등 참조)인 점 등을 종합적으로 고려해 볼 때 해당 토지의 실질적인 소유자인 위탁자를 취득세 중과세율 적용대상으로 봄이 타당하다(지방세운영과-3622. 2012.11.11.)고 해석하고 있는데, 위탁자가 중과세 회피를 목적으로 위·수탁계약한 사실 등이 확인되는 경우 이외에는 위탁자를 중과세 취득세 납세의무자라 해석한 것은 문제가 있다. 그 이유는 「신탁법」상의 신탁계약에 의하여 수탁자 명의로 신축한 건축물의 취득세 중과세 대상 여부도 수탁자를 기준으로 판단하여야 하는 점(대법원 2001두4979, 2003.6.13. 참조)에서 본점용으로 사용하는 자가 수탁자가 아닌 위탁자라면 건축물 분에 대해서는 취득세 중과세 대상으로 보기는 곤란하다고 판시하고 있기 때문이다. 그리고 수탁자를 납세의무자로 보더라도 타인명의의 토지를 회원제 골프장으로 사용하는 경우에는 중과세가 되는 것이다.

12. 타인명의로 취득한 경우 중과세 기준일

취득세를 일반세율로 신고납부한 후 취득일로부터 5년 이내에 중과사유가 발생할 경우 중과세로 추징이 되나, 5년 경과한 후에 중과사유 발생 시에는 중과할 수 없다. 중과사유 발생이 사실상의 취득일과 명의전환일 중 어느 것을 하느냐에 따라 중과대상이 달라질 수 있다. 사실상의 취득일로부터는 5년이 경과되었으나, 명의전환일로부터는 5년 이내인 경우 중과대상이 되는지 논란이 있을 수 있다. 즉, 하나의 자산을 가지고 취득일이 두 번 있다는 것은 있을 수 없다는 것이다.

이러한 논란도 대법원 판례(대법원 2010두28151, 2013.3.14.)에 의하여 잔금지급일에 성립한 취득세 납세의무와 별도로 그 등기일에 취득을 원인으로 한 새로운 취득세 납세의무가 성립하는 것은 아니므로 당초 사실상의 취득일로부터 5년 경과 여부로 중과세하면 될 것이다.

제2장

골프회원권

1. 개 요

　시설물을 배타적으로 이용하거나 일반이용자보다 유리한 조건으로 이용할 수 있도록 약정한 단체의 구성원이 된 자에게 부여되는 시설물 이용권(법인의 주식 등을 소유하는 것만으로 시설물을 배타적으로 이용하거나 일반이용자보다 유리한 조건으로 시설물 이용권을 부여받게 되는 경우 그 주식 등 포함)을 말한다. 이는 명칭과 관계없으며, 회원제와 공유제로 구분되며, 회원제는 회원제, 주주제, 회비제로 구분된다.

1) 회원권 연장 또는 재계약(갱신)
① 기존 회원권 내용변경하면서 연장 등을 하는 경우
　기존 회원권을 행정기관으로부터 신규회원권 모집 변경승인을 얻어 계약기간, 금액 등의 내용이 변경된 경우라면 새로운 회원권 취득세 과세대상에 해당되나, 회원권의 존속기한을 정한 회원이 회원자격의 존속기한이 만료된 후 회원권 회사와 회원권이용자는 새로이 정한 약정에 따라 종전의 회원의 자격, 회원의 조건, 회원에 대한 대우 등에 대하여 일체의 변경 없이 최초입회금보다 낮은 금액으로 입회금을 변경하기로 약정을 하고 회원권이용자는 최초 입회금을 반환받지 않고 재계약에 따른 입회금으로 대체하고 그 차액만 반환을 받는다 하더라도 기존의 골프회원권은 입회기간의 만료로 권리가 소멸하고 재계약 및 기간 갱신 등으로 시설물을 배타적으로 사용할 수 있는 권리를 새로이 입게 되는 것이므로 회원권의 새로운

취득에 해당된다(지방세운영과-1934, 2008.10.24.).

회원자격의 존속기간이 정하여 있는 경우 그 계약기간 만료로 인하여 회원자격을 상실하고 입회금의 반환을 청구할 수 있는 권리를 갖게 된다 할 것인데, 탈퇴 후 새로이 입회신청을 하면서 입회보증금을 납부하거나 또는 회원자격을 유지하면서 새로운 계약조건으로 입회보증금을 추가로 납부하였다면 기존 계약은 소멸하고 새로운 계약이 체결된 것으로 볼 수 있다 할 것인바, 이 경우 새로운 회원권을 취득하면서 입회보증금 중 일부를 이미 납부한 입회보증금의 반환청구권과 상계하는 방식으로 지급하더라도 이는 최초로 입회보증금을 납부하는 것과 차이가 없다 할 것이다(조심 2009지129, 2009.12.21.).

연회원권을 연장하거나 재계약하는 경우에는 연장시 연회비를 다시 납부하므로 이는 새로운 취득으로 보아 과세대상이 되는 것이다.

한편, 회원권을 사용하다가 계약기간만료로 인하여 계약기간을 다시 연장하는 경우 계약기간을 다시 연장하면서 입회금을 추가하는 경우 취득세 과세표준은 그 추가금액을 포함한 전체 금액이 되는 것이다, 기존 골프회원권을 반납(탈퇴)한 후, 입회보증금을 추가로 납부하면서 새로운 회원권을 취득하였다면 이는 최초로 회원권을 취득하는 것과 차이가 없다 할 것이다(조심 2011지0674, 2011.10.25.). 골프회원권을 사용하다가 계약기간 만료로 인하여 재계약을 하는 경우에는 새로운 취득에 해당되어 취득세가 부과되는바, 골프회원권의 계약기간 만료일 이전에 분양금액을 추가납입하고 2차 또는 3차 회원권에서 4차회원권으로 전용할 경우 취득세 과세표준은 2차 또는 3차회원권의 계약기간 만료일까지는 추가 납입금이 되고, 2차 또는 3차회원권의 계약기간 만료일 이후부터는 2차 또는 3차회원권의 당초 계약금+4차회원권 전용을 위한 추가 납입금이 되는 것이다(세정 13407-491, 2001.5.4.).

<사 례> 골프회원권 연장 시 가액 변동의 경우 과세대상임(지방세운영과-1934, 2008.10.24.)

골프회원권의 존속기한을 정한 회원이 회원자격의 존속기한이 만료된 후 회원권 회사와 회원권이용자는 새로이 정한 약정에 따라 종전의 회원의 자격, 회원의 조건, 회원에 대한 대우 등에 대하여 일체의 변경 없이 최초입회금보다 낮은 금액으로 입회금을 변경하기로 약정을 하고 회원권이용자는 최초 입회금을 반환받지 않고 재계약에 따른 입회금으로 대체하고 그 차액만 반환을 받는다 하더라도 기존의 골프회원권은 입회기간의 만료로 권리가 소멸하고 재계약 및 기간 갱신 등으로 시설물을 배타적으로 사용할 수 있는 권리를 새로이 얻게 되는 것이므로 골프회원권의 새로운 취득에 해당됨.

② 기존 회원권 내용변경 없이 연장 등을 하는 경우

'기존 회원권'이란 회원제 골프장을 우선적으로 이용할 수 있는 권리로서 약정에 의해 성립되는 점, 골프회원권의 존속기한이 정해져 있는 경우 그 기한이 만료되면 회원은 입회금의 반환청구권을 갖게 되는 점, 입회금의 반환청구권을 행사할 경우 회원자격을 상실한다고 보는 것이 합리적인 점, 입회금의 반환을 요구하지 않고 연장하는 것은 신규로 약정을 체결하는 것과 비교해 차이가 없는 점 등을 종합적으로 감안했을 때, 골프회원권의 존속기한이 만료되었으나 입회금의 반환을 요청하지 않아 그 기한이 자동으로 연장되는 경우에는 연장이 시작되는 시점에 취득세 납세의무가 새롭게 성립하는 것으로 보는 것이 합리적일 것으로 취득세 납세의무가 있다는 것이다(지방세운영과-1709, 2014.5.19.). 2014.8.12. 신설된 「지방세법 시행령」 제20조 제11항을 살펴보면 '골프회원권, 승마회원권, 콘도미니엄 회원권, 종합체육시설 이용회원권 및 요트회원권의 존속기한 또는 입회기간을 연장하는 경우에는 기간이 새로 시작된 날을 취득일로 본다' 라고 규정하고 있다. 이는 연장 또는 갱신 과세대상이라는 것으로 명확히 한 것으로 볼 수 있지만, 2017.12.29. 이 규정을 삭제하였다.

그런데 「지방세법」 제6조 제1호의 취득에 해당되지 않는 한, 같은 법 시행령 제20조의 취득시기가 도래하였다고 하여 당연히 취득이 의제되는 것으로 볼 수는 없다는 것이다. 즉, 취득시기를 별도로 규정하였다고 하여 재취득으로 보는 것은 무리가 있다는 것으로, 계약조건 변동 없이 계약기간 자동연장 시 재취득으로 보아 취득세 부과처분은 잘못이라는 것으로 결론을 내린 것이다(대법원 2016두63323, 2017.3.30. 참조). 따라서 취득세 과세대상이 되지 아니하는 것이다.

한편, 종전에는 기존 회원권에 대한 취득가액, 명의변경, 계약기간 등 기존 회원권의 내용상 변경 없이 단순히 연간사용일수만 조정된 경우라면 새로운 회원권 취득에 해당되지 아니하여 취득세 과세대상에 해당되지 아니한다(세정 13407-232, 2002.3.1.)라고 해석한 바 있었고, 회원권을 취득한 후 그 계약기간이 만료되어 약정에 따라 기존 회원권에 대한 입회금 반환 및 재계약 절차 없이 자동 재계약되는 경우라면 이는 새로운 취득이 아닌 계약기간의 연장으로 보지만 (세정-445, 2008.1.30.), 자동연장의 경우라도 기존 회원권 내용변경 없이 연장 등을 하는 경우 마찬가지로 취득세 과세대상이 아니라고 해석한 바 있었다.

<사 례> 기존과 동일 조건으로 새로 교부된 경우(지방세운영과-623, 2011.2.10.)

> 골프회원권 취득 후 해당 골프장이 준공 전 경매로 소유권이 이전되고 그 승계한 골프장사업자가 기존 골프장사업자가 분양한 골프회원권의 지위를 인정받지 못하여 사용하지 못하다가, 관련 법원에서 기존 골프장사업자로부터 분양받은 골프회원권의 지위가 인정(서울고법 2009나96085, 2010.4.23.)된다는 법원의 결정에 따라 별도의 입회금 납부 등 실질적 취득 행위 없이 기존과 동일한 조건의 골프회원권을 새로이 교부받는 경우라면 비록 기존의 골프회원권과 등록번호가 상이하다고 하더라도 사실상 취득으로 볼 수 없으므로 취득세 과세대상이 아님.

2) 시설물을 운영하는 법인의 미분양된 회원권 취득

골프장이나 콘도미니엄을 운영하는 법인이 미분양된 회원권을 동 법인명의로 취득하는 경우는 취득세 과세대상이며, 거래가액이 없는 무상승계취득으로서 시가표준액이 취득세 과세표준이 되는 것이다(세정과-1074, 2005.3.10.).

3) 소각 목적 회원권 취득

회원권 만기일 이전에 기존의 회원에게 보증금을 반환하고 회수하여 기존 회원권의 권리를 소멸시키는 경우라면 이는 특정시설물을 배타적으로 사용하기 위한 권리를 취득한 것이 아니고 권리를 소각하기 위하여 취득한 것이므로 취득세 납세의무가 성립되지 않는다. 또한 소각 목적으로 회원권을 회수하면서 보증금과 회수금액의 차이로서 상환차손익이 발생한다 하더라도 회원권 회수에 따라 부득이하게 발생하는 손해배상금의 성격으로 보아야 할 것이므로 시설물을 이용할 수 있는 권리를 취득하였다고 볼 수 없어 취득세 납세의무가 성립되지 않는다.

한편, 골프장을 운영하는 법인이 소각 목적이 아니고 다시 분양하기 위해 법인 명의로 취득하는 경우 과세대상이 될 것이며, 미분양된 골프회원권을 동 법인 명의로 취득하는 경우, 이는 거래가액이 없는 무상승계취득으로 보고 있다(세정과-1074, 2005.3.10.).

<사 례> 소각 목적 회원권 취득 시 과세대상 아님(도세과-656, 2008.4.28.)

> 회원권 분양회사가 만기일 이전에 당초 분양한 회원권의 권리를 소각할 목적으로 회원권을 매입하는 경우라면 시설물을 일반이용자에 비하여 배타적으로 이용하기 위하여 취득한 것에 해당되지 아니하므로 법 제104조 제8호에 의한 취득으로 볼 수 없어 취득세 납세의무가 성립되지 않는 것임.

2. 골프회원권

취득세 과세대상인 골프회원권은 「체육시설의 설치·이용에 관한 법률」에 따른 회원제 골프장의 회원으로서 골프장을 이용할 수 있는 권리를 말한다. 골프회원권에 대하여 취득세를 과세하기 위하여는 골프회원권의 취득행위(회원권의 분양, 골프회원권의 양도·양수 또는 회원권의 종류 변경 등)가 발생하여야 할 것이다.

1) 주주제

회원권을 분양할 때 주주와 마찬가지로 연말 사업결산 시 이익금액이 발생할 때 배당을 받을 수 있도록 하는 형태로서 회원들에게 주식을 교부하는 경우이다.

따라서 주주제의 경우에는 회원들은 회원권 본연의 사용·수익 권리를 취득함과 동시에 주주의 지위를 갖게 되므로 주식을 교부받게 되는 것이다. 주주제의 경우에는 회원들은 회원권(보증금 등)이 있을 경우에는 이를 모두 취득가액에 포함시켜야 한다.

◆ 회원에게 주식을 교부한 경우 취득가격의 산정 ◆

① 주식액면가격으로 발생시
- 액면가격 × 주식보유수
② 주식을 시가로 발행시
- 비상장법인: 발행가격 × 주식보유수
- 상장법인: 취득당시 상장주식 1주당 가격 × 주식보유수

• 실거래가격이 주식 그 자체로 거래될 경우 거래가액을 조시시가로 하며, 주식 이외 별도 입회금(보증금액)이 있을 경우 주주회원가액에 포함함.

기존 골프회원권의 회원들이 법인을 설립하고 분담금으로 해당 골프장용 부동산을 경락받은 경우로서 해당 법인이 해당 분담금을 납부한 자에 대하여 법인의 주주이면서 회원권(주주제)의 자격을 새로이 부여하였거나 기존 골프회원권을 주주제 회원권으로 변경한 경우 해당 분담금을 납부한 자에 대하여 주주에 골프회원권을 취득한 것으로 보아 취득세를 과세하는 것이 타당하다(세정과-662, 2006.2.14.). 변경 여부는 골프회원권의 약관, 법인의 정관 및 주주총회 회의록 등에서 확인 가능하다.

〈사 례〉 주주회원제 골프회원권의 취득가격 산정(지방세운영과-2586, 2008.12.18.)

> 주주회원제 형태로 운영되는 골프장에서 그 주식을 양수하여야 골프장의 주주회원이 될 수 있고, 주주회원제 골프장의 운영을 위하여 주주인 회원들이 주주분담금을 납부하여야 주주회원제 회원권을 취득할 수 있도록 하는 점을 보면 주주출자금과 주주분담금은 골프장시설을 배타적으로 사용할 수 있는 권리를 취득하기 위하여 지출되는 비용이므로 골프회원권 취득에 따른 취득가격에 포함되는 것이 타당함.

2) 골프장 미등록 골프회원권

「체육시설의 설치·이용에 관한 법률」 제19조 제1항을 보면 제12조에 따를 사업계획의 승인을 받은 자가 제11조에 따른 시설을 갖춘 때에는 영업을 시작하기 전에 대통령령으로 정하는 바에 따라 시·도지사에게 그 체육시설업의 등록을 해야 하고, 제2항에서 시·도지사는 골프장업 또는 스키장업에 대한 사업계획의 승인을 받은 사업시설 중 대통령령으로 정하는 규모 이상의 시설을 갖추었을 때에는 제1항에도 불구하고 문화체육관광부령으로 정하는 기간에 나머지 시설을 갖출 것을 조건으로 그 체육시설업을 등록하게 할 수 있다고 하면서, 동법 제17조 제1항에서 체육시설업자 또는 그 사업계획의 승인을 받은 자는 회원을 모집할 수 있으며, 회원을 모집하려면 회원 모집을 시작하는 날에 15일 전까지 시·도지사, 시장·군수 또는 구청장(자치구의 구청장에 한함)에게 회원모집 계획서를 작성·제출해야 한다고 규정하고 있다. 따라서 체육시설업자가 「체육시설의 설치·이용에 관한 법률」에 의하여 등록 및 사업승인을 받지 아니하고, 골프장을 조성하지 않은 상태에서 일반인을 상대로 회원제 골프장 시설을 이용할 회원을 모집하고 회원권을 분양한다 하더라도 그 회원권을 분양받은 자는 「체육시설의 설치·이용에 관한 법률」에 의한 골프회원권을 분양받은 것이 아니므로 취득세 과세대상에 해당되지 아니하는 것이다. 추후 체육시설업자가 관계 법령에서 정하는 체육시설의 범위와 회원모집, 시설규모, 운영형태 등에 대한 요건을 갖추어 사업계획 승인 및 등록을 받아 시설물을 일반이용자보다 우선적으로 이용하거나 유리한 조건으로 이용할 수 있는 관계 법령에 의한 골프회원권을 분양하여 이를 취득하는 경우라면 취득세 과세대상이 된다(지방세운영과-171, 2008.7.2.).

예를 들어 9홀만 임시사용승인을 받아 영업하겠다고 되어 있는데, 「체육시설의 설치·이용에 관한 법률」에 의하여 등록 및 사업승인을 득한 것인지에 따라 취득세 과세대상인 골프회원권인지 여부가 결정될 것이다. 동법에 의하여 등록 등을 하여 골프회원권으로 인정이 된 것이라면 취득세 과세대상이 되며, 골프회원권의 요건을 갖추지 아니한 경우에는 취득세 과세대상이 되지 아니할 것이다. 한편, 회원제 골프장이 대중골프장으로 전환되었다고 하여 취득세 환급은 되지 아니한다.

3) 회원제 골프장의 선불카드

골프회원권 소관부처인 문화체육관광부에서는 일정 금액을 선불로 납부하도록 하면서 주요 혜택으로 일정 횟수의 부킹을 보장하고 이러한 주중·주말부킹을 보장하는 것이 해당 시설을 이용하는 일반 이용자보다 '우선적으로 이용' 또는 '유리한 조건'으로 이용할 수 있는 혜택에 해당한다면, 비록 명목상 선불카드라 하더라도 그 내용에 있어서는 회원권과 유사하다고 볼 수 있고 이러한 유사·편법으로 회원을 모집한 것을 「체육시설의 설치·이용에 관한 법률」 제17조의 회원모집계획서를 제출하지 아니하고 회원을 모집한 경우에 해당하여 같은 법 제30조 시정명령대상이 될 수 있다고 판단하고 있다(체육진흥과-2874, 2012.7.24. 참조).

선불카드의 소유 회원은 비회원과 비교해 그린피가 3분의 1 이상 저렴하고 부킹 횟수 등이 보장되며 지정 숙박시설 이용료가 할인되는 점, 선불카드는 타인에게 양도할 수 있어 재산권의 성격을 갖고 있는 점, 선불카드 발생이 유사·편법의 회원모집에 해당된다는 소관부처의 유권해석 등을 감안했을 때, 이 선불카드는 사실상 취득세 과세대상인 골프회원권에 해당된다고 판단된다(지방세운영과-2522, 2012.8.7.).

4) 연회원권

「체육시설의 설치·이용에 관한 법률」에 의한 회원제 종합체육시설업에 있어서 그 시설을 이용할 수 있는 회원의 권리에 대하여 취득세 과세대상으로 규정하고 있으므로 해당 시설을 이용하는 일반이용자보다 '우선적으로 이용' 또는 '유리한 조건'으로 이용할 수 있는 혜택이 있는 연회원권이라면 취득세 과세대상이다(세정 13407-1074, 2002.11.9. 참조).

5) 주중회원권

골프회원권이 주중에만 이용 가능하고 보증금 지불과 동시에 향후 5년 동안 사용한 후 보증금을 환불받는다 하더라도 회원권은 재산권 행사 여부와 상관없이 해당 시설물을 배타적으로 이용하거나 일반이용자에 비하여 유리한 조건으로 이용하는 상태의 권리를 취득한 것에 대해 취득세를 과시하는 것이므로, 골프장 평일회원권도 납세의무가 있다(지방세정팀-1601, 2005.7.12.).

6) 골프장 운영하는 법인의 미분양된 골프회원권 취득

골프장을 운영하는 법인이 미분양된 골프회원권을 동 법인명의로 취득하는 경우는 취득세 과세대상이며, 거래가액이 없는 무상승계취득으로서 시가표준액이 취득세 과세표준이 되는 것이다(세정과-1074, 2005.3.10.).

7) 추가분담금 부담

① 골프장 개보수공사 소요비용의 추가 분담금인 경우

골프회원권을 취득한 자가 골프장의 개보수공사에 소요되는 비용 등을 추가로 분담하는 것은 그로 인하여 골프장 이용료 등이 일부 조정되었다 하더라도 새로운 골프회원권을 취득하였다고 볼 만한 특별한 사정이 없는 이상 취득세 과세대상이 될 수 없다(대법원 2007두2019, 2010.2.25.).

② 골프장 개보수공사 소요비용의 추가 분담금이 아닌 경우

회원제 골프장으로 등록한 신규 골프장이므로 추가 분담금을 지급한 골프장의 노후화에 따른 개보수가 필요하다고 볼 수 없는 점, 설령 회원제 골프장으로 등록한 후 골프장의 코스 개량 등에 추가적인 비용이 소요되었다고 하더라도 이는 골프회원권 가격과는 무관한 점, 지급한 추가 분담금이 골프장의 개보수 비용에 해당된다면 골드플러스 회원의 특권인 그린피 50% 할인의 혜택을 부여해서는 아니 되며, 분담금을 납부하지 아니한 회원에게 골프장 이용료 인상이나 회원에 대한 혜택을 변경하는 등 불이익한 대우를 하여야 함에도 이를 시행하지 않고 있는 점 등을 종합하여 볼 때, 골프장의 시설 개보수를 위한 추가 부담금이 아니라 골드플러스 회원권의 취득가액의 일부라고 할 것이다(조심 2011지0674, 2011.10.25.).

〈사 례〉 특별대우가 있었지만 회원권 취득에 해당되지 않는 경우(대법원 2008두12207, 2008.9.1.)

□□관광은 이 사건 골프장에 관하여 당초 ○○관광이 등록한 것과 별도로 체육시설업의 등록을 한 적은 없고, 단지 경매절차에 의하여 이 사건 골프장 부지 등을 취득하였을 뿐인바, 이러한 점만으로는 □□관광이 ○○관광으로부터 이 사건 골프장업 등록에 의한 영업을 양수하였다고 볼 수는 없다. 그렇다면, □□관광이 ○○관광으로부터 체육시설법 제30조 제1항에 따라 이 사건 골프장에 관한 체육시설업자로서의 지위를 승계하였다고 볼 수는 없으므로, 선정자들이 체육시설업자가 아닌 □□관광에 주식인수대금 및 대여금 5,800만 원 또는 신주인수대금 3,000만 원을 지급하고, □□관광의 정관에 의하여 특별회원의 자격을 부여받았으며, 실제로도 이 사건 골프장에 관하여 일반 이용객과 다른 회원으로서의 대우를 받았다고 하더라도, 선정자들이 「지방세법」상 취득세의 과세물건인 '골프회원권'을 취득하였다고 볼 수는 없다(한편, 갑2호증의 기재에 변론 전체의 취지를 종합하면, 서울고등법원 2005카압88 사건에 관하여 조정이 성립함에 따라(조정에 갈음하는 결정이 확정되었음), ○○관광으로부터 이 사건 골프장 부지 등을 제외한 나머지 이 사건 골프장의 영업에 관한 권리를 양수한 주식회사 ○○디앤지 등(이하, '△△등'이라고 한다)과 □□관광 사이에는 이 사건 골프장 영업의 정상화를 위하여 □□관광이 이 사건 골프장 부지를 ■■에게 임대하는 내용의 임대차계약(이하, '이 사건 임대차계약'이라고 한다)을 체결할 의무가 발생한 사실, 이 사건 임대차계약상 △△등은 관계행정청으로부터 사업계획 변경승인 등 필요한 인·허가 및 등록을 마쳐 이 사건 골프장을 합법적으로 운영하여야 하는데, □□관광의 주주들에게는 이 사건 골프장 및 이 사건 골프장에 증설될 9홀을 이용함에 있어 현재와 같은 대우를 하여야 하는 것으로 되어 있

는 사실 등을 인정할 수 있어, 선정자들이 장차 △△등이 운영하는 이 사건 골프장 회원권을 취득할 개연성이 있다고 할 것이나, 현재로서는 △△등이 체육시설업자로 등록하여 적법하게 회원을 모집할 수 있는 지위에 있다고 볼 만한 자료는 없으므로, △△등에 대한 관계에서도 선정자들이 이 사건 골프장의 회원권을 취득하였다고 볼 수는 없다). ㅁㅁ관광이 ○○도지사에게 한 이 사건 골프장업 등록은 아직 말소되지 않아 유효한 상태로 있고, 또한 ㅁㅁ관광은 이 사건 골프장의 물적 시설인 이 사건 골프장 부지 등을 보유하고 있는바, 이와 같이 이 사건 골프장업 등록권자와 그 물적 시설의 소유자가 다르기는 하지만, 골프회원권의 요건이라고 할 수 있는 체육시설업등록과 물적 시설인 골프장이 여전히 성립·유지되고 있는 이상, 선정자들이 ㅁㅁ관광에 일정 금액을 납입하고 이 사건 골프장의 특별회원이 된 것은 취득세 과세대상인 골프회원권의 취득으로 보아야 한다고 주장한다. 그러나 「지방세법」과 체육시설법의 관련규정에 의하면 '체육시설업을 등록한 체육시설업자'와 체결한 시설이용약정에 기해 골프장을 이용할 수 있는 권리만이 취득세 과세대상인 골프회원권에 포함됨이 명백하므로, ㅁㅁ관광이 이 사건 골프장업 등록에 관한 권리를 취득한 사실이 없는 이상 선정자들이 취득세의 과세대상인 골프회원권을 취득한 것으로 볼 수 없음.

〈사 례〉 골프회원권을 담보로 대출받은 후 되돌려 준 경우(세정 13407-484, 2001.10.26.)

유상승계취득의 경우에는 그 사실상의 잔금지급일에 취득한 것으로 보면서 취득일 전에 등기 또는 등록을 한 경우에는 그 등기일 또는 등록일에 취득한 것으로 본다고 규정하고 있는바, 이 A법인(골프회원권 발행회사)의 골프회원권을 B법인 명의로 등록하여 B법인이 그 회원권을 담보로 금융기관으로부터 대출받은 후 그 회원권과 대출금을 A법인에게 되돌려준 경우라 할지라도 B법인은 해당 골프회원권을 등록한 시점에 취득세 납세의무가 발생하며, 과세표준은 A법인이 발행한 골프회원권을 최초로 취득한 경우는 승인된 발행가액을, 유상승계취득의 경우는 법인장부가액으로 하며, 빌려준 경우와 되돌려 받는 경우에는 무상승계취득으로 보다 시가표준액이 될 것임.

〈사 례〉 대금지급 완료 후 명의개서를 하지 못한 경우(지방세운영과-2457, 2008.12.10.)

취득세 과세대상이 되는 골프회원권은 「체육시설의 설치·이용에 관한 법률」의 규정에 따라 등록한 골프장에 관하여 해당 체육시설업자와의 약정에 의하여 가지게 되는 회원으로서의 지위를 취득하는 것을 의미하는 것이므로(대법원 2008두12207, 2008.9.1.) 회원제 골프장의 회원으로서 골프장을 이용할 수 있는 권리를 취득하고 그 대금지급을 완료하였다면 「지방세법」 상 취득세 과세대상이 되는 골프회원권을 취득한 것이므로 명의개서를 하지 못하여 회원명부에 등재되지 못하였더라도 취득세 납세의무가 성립됨.

〈사 례〉 수익증권 취득이 골프회원권 취득에 해당되는 경우(행심 2007-75, 2007.2.26.)

골프장 개보수 등 시설투자비용을 마련하기 위하여 기여회원(수익증권, 보증금)에 대한 수익증권을 발행하였고, 청구인은 2006.3. 이 사건 수익증권 및 입회보증금을 인수·납부함으로써 기여회원용 골프회원권을 분양취득하였는데, 여기서 기여회원에 대하여 ○○○ ○○클럽의 회칙에서 입회는 소정의 절차에 따라 입회금을 납입함과 동시에 회원증을 발급받음으로 회원자격이 발생한다고 하면서 정회원 중 골프장발전에 기여한 자 중 이사회에서 승인한 자로 하며, 또한, 기여회원 입회신청용 수익증권 운영약정서에서 위 수익증권은 반드시 회원권과 수반되어 유지되어야 한 것과 기여회원은 골프장우선이용권 및 연계이용권 등 회사에서 정한 혜택을 받는 사실들이 기재되어 있고, '회사보유분 49구좌 한정, 최고의 부킹과 최상의 대우 제공 등'이란 내용으로 명문골프클럽 ○○○ ○○○클럽 소수의 기여회원 모집광고를 일간지에 게재한 사실을 종합하여 볼 때, 청구인은, 비록 ○○○ ○○○클럽이 이 사건 수익증권을 입회보증금과 달리 차입금계정에 별도로 구분하고 있다 하더라도, 이 사건 수익증권을 인수함으로써 취득한 기여회원용 회원권은 골프장 이용시 특별우대하는 혜택을 받을 뿐만 아니라 양자는 별개로 분리처분할 수 없는 불가분의 관계를 가지고 골프회원권의 시세에 반영되는 것에 비추어 이 사건 수익증권은 위 기여회원용 골프회원권을 분양취득하는 데 직간접적으로 소요된 비용임.

〈사 례〉 시설개보수용 시설투자예치금 납부시 추가 입회금임(행심 2005-241, 2005.8.29.)

1986.4.부터 2003.5.까지 ○○○관광㈜ ○○○컨트리클럽 및 ○○산업㈜에게 입회금을 납부하고 회원권을 취득(붙임자료 참조)하였고, 2002.10. ○○산업㈜이 이 사건 골프장을 경락인수하면서 정회원 1,901명에게 노후된 시설개보수 및 명문골프장을 조성하기 위하여 시설투자예치금을 납부하라고 요구하여 2002.10.부터 2005.5.까지 이를 납부한 사실, 회원제 골프장으로 운영하는 ○○○○골프클럽의 회칙에서 회원은 개인회원과 법인회원으로 구분되는데, 개인회원이 되려면 본 클럽회원의 추천에 따라 본 회칙을 준수할 것을 서약

함과 동시에 소정의 입회금과 입회절차 등을 거쳐 회사의 승인을 받도록 규정되어 있으며, 그 단서에 리노베이션을 하기 위하여 회원의 동의를 얻어 시설투자예치금을 납부한 회원에 대하여 배우자 등록을 할 수 있다고 하고 있고, 위 시설투자예치금을 납부한 회원은 우대받을 수 있다고 하고 있으며, 퇴회시만이 이를 반환할 수 있다고 규정하고 있는 것이나 비록 우대회원과 비우대회원을 표면적으로 구분하지 않았지만 미납부회원이나 납부금액의 차이에 따라 관리하기 위하여 번호구간을 나누어 회원증번호를 변경하였다고 한 사실, 그리고 부부회원으로서의 혜택이 미미하다 하더라도 미납부회원과의 그린피 2만 원 차등제를 시행하고 있는 점 등에서 청구인들은 이 사건 골프장의 기존회원으로서 추가로 시설투자예치금을 납부하였기 때문에 실질적으로 미납부회원보다는 물론 납부회원까지도 납부금액에 따라 차등적으로 우대를 받고 있다고 보는 것이 합리적이라고 할 것으로서, 이러한 경우는 기존골프장의 시설개선 및 증설을 위한 투자비용을 '시설투자예치금'의 형식으로 기존회원에게 부담하도록 하면서 동 예치금을 납부한 회원에 대해서는 기존회원과의 구별하여 기존골프회원권의 배타적 이용 및 수익권을 계속 유지하면서 골프장 이용 시 예약우선 등 편의를 추가로 증진하였다면 동 '시설투자예치금'을 추가 입회금으로 보다 그 추가 납부금액에 대하여 취득세를 과세한다는 행정자치부 유권해석(세정과-2311, 2004.8.3.)에 따라 취득세 과세표준을 정하여야 함.

제3장

지목변경

1. 개 요

'지목변경'이란 지적공부에 등록된 지목을 다른 지목으로 바꾸어 등록하는 것을 말한다. 지목을 변경하고자 하는 사유가 발생하면 그날부터 60일 이내에 지적소관청에 지목변경을 신청해야 하며, ① 관계 법령에 따라 토지형질변경 공사가 끝나 준공한 경우, ② 토지나 건축물의 용도를 변경한 경우, ③ 도시개발사업 등을 원활하게 추진하기 위하여 사업시행자가 공사 준공 전에 토지합병을 신청하는 경우에 신청한다. 지목은 지적법에서 28가지를 정하고 있는데, 지목 변경은 주로 조방이용의 토지에서 집약 이용하는 토지 용도로 변경되는 수가 많다. 예로 임야, 전답 등이 대(택지)로 변경되는 것이 있다.

공부와 관계없이 사실상으로 지목의 변경 여부에 의하여 과세 여부가 결정되며, 그 지목변경에 따른 토지가액의 증가가 수반되어야 한다. 여기서 지목변경이란 「측량·수로조사 및 지적에 관한 법률」 상 28개의 지목 가운데 어느 지목으로도 변경되든 관계하지 아니한다. 예컨대 전이 답 및 대로 변경되든지 또는 대에서 전으로 변경되든지 상관하지 아니하고 그 지목변경에 따른 토지가액의 증가가 있을 때 취득세를 과세하게 되는 것이므로, 이와 같은 지목변경은 공부상 등재 여부가 불가하기 때문에 지목이란 토지의 사용용도 등에 의하여 결정되는 것이므로 지적법에서 정의하고 있는 지목의 종류대로 시실상 사용이 변경됨을 의미한다. 그러나 사실상의 사용이란 장기적이고 합리적인 사용을 의미하는 것이지 일시적·잠정적으로 사용하는 것까지 포함한다고 할 수 없을 것이다.

예컨대 '전'의 지목에 건축물을 축조한다면 공부상 지목변경을 하지 않더라도 '대'로 사실상 변경하였다고 하겠으나 잠시 휴경상태인 '전'에 가설물을 일시적으로 설치하였다 하여 '대'로 사실상 사용한다고 할 수 없기 때문에 당초 토지를 승계취득할 당시에 사실상 지목이 변경된 토지를 취득하여 취득 이후에 단지 공부상 지목을 변경하였을 경우에는 지목변경에 따른 취득은 성립되지 아니한다.

따라서 토지의 지목이 사실상 변경된 것을 취득세 과세대상인 간주취득으로 보기 위해서는 우선 그 토지의 주된 사용목적 또는 용도에 따라 구분되는 지목이 사실상 변경되었을 뿐만 아니라 그로 인하여 가액이 증가되어야 하므로, 이미 그 지목이 사실상 변경된 후에 토지를 취득한 것이라면 비록 취득 후 변경된 사실상의 지목에 맞게 공부상의 지목을 변경하였다고 할지라도 이로써 해당 토지의 소유자가 취득세 과세물건을 새로이 취득한 것으로 간주할 수 없고, 또한 토지를 취득한 후 그 현상을 전혀 변경시키지 아니한 채 그대로 보유하고 있다가 그 공부상의 지목을 실질에 맞게 변경하였다고 할지라도 공부상의 지목이 변경되었다는 사유만으로 해당 토지 소유자가 그 변경시점에서 취득세 과세물건을 새로이 취득한 것으로 취급할 수 없다 할 것이다(대법원 92누18818, 1993.6.8., 83누696, 1984.5.15., 97누15807, 1997.12.12. 참조).

토지 형질변경에 대하여 취득세를 부과하는 근거는 토지소유자가 토지의 형질을 변경함으로써 실질적으로 토지의 질적인 변화로 인한 가액 증가(원본자산의 가치상승)를 얻게 됨을 전제로 과세하는 것으로 보아야 하기 때문에 이는 토지의 가액 증가에 따른 담세력을 포착하여 응능과세로 보인다. 따라서 지목변경에 소요된 비용은 그 비용이 직접비용이거나 간접비용을 불문하고 모든 취득세 과세표준에 포함되기 때문에 골프장을 조성하는 경우에는 골프장 조성에 투입된 도로포장공사비, 잔디식재비, 수목식재비 등 모든 제비용이 과세표준에 포함된다.

2. 과세요건

토지의 지목을 사실상 변경함으로써 그 가액이 증가한 경우에는 취득으로 봄으로 토지의 지목을 변경하는 때는 해당 토지의 소유자는 그 지목변경에 의한 가액의 증가가 있을 때 납세의무가 있다. 따라서 지목변경에 의한 가액의 증가가 없다면 납세의무도 없다.

예를 들어 개인소유 토지에서 종전 지목인 전이 인근지역 토지인 대지와 그 시가를 동일하게 보아 그 토지의 시가표준액(공시지가)이 같은 상태에서 그 지목만 대지로 변경하고 토지가액 조정이 없다면 가액의 증가가 없으므로 납세의무가 없고, 법인소유 토지에서 어떤 목적에 사용하려 하였으나 지목변경과 관련한 공사비를 투입할 필요가 없었다면 가액의 증가가 없으므로 납세의무가 없으며 법인소유 토지에서는 지목변경과 함께 개별 필지별 시가표준액의 상승이 있다 하더라도 그 공사비가 없다면 취득세 납세의무가 없다.

사실상 지목변경 없이 단순히 토지합병으로 인하여 합병 전 토지 중 높은 공시지가로 조정된 경우라도 납세의무가 없다(세정 13407-158, 1996.2.8.)

3. 취득 전에 사실상 변경된 경우

이미 그 지목이 사실상 변경된 후에 토지를 취득한 것이라면 비록 취득 후 변경된 사실상의 지목에 맞게 공부상의 지목을 변경하였다고 할지라도 이로써 해당 토지의 소유자가 취득세 과세물건을 새로이 취득한 것으로 간주할 수 없고, 또한 토지를 취득한 후 그 현상을 전혀 변경시키지 아니한 채 그대로 보유하고 있다가 그 공부상의 지목을 실질에 맞게 변경하였다고 할지라도 공부상의 지목이 변경되었다는 사유만으로 해당 토지 소유자가 그 변경시점에서 취득세 과세문건을 새로이 취득한 것으로 볼 수 없다(대법원 92누18818, 1993.6.8., 1984.5.15., 97누15807, 1997.12.12. 등 참조).

4. 지목변경된 토지를 소유권이전 후에 중과세된 경우

지목이 사실상 변경된 후에 토지를 취득한 것이라면 비록 취득 후 중과세된 경우라 하더라도 대법원의 판례(97누15807, 1997.12.12.)에서 보는 바와 같이 승계취득한 이후에 공부상 지목변경이 된 경우라도 사실상 지목변경된 토지를 취득한 경우에는 지목변경분이 포함되어 매매가 이루어진 것이므로 취득가액에 이미 지목변경분이 포함되어 있다면 취득가액을 기준으로 취득세(중과분 포함)를 신고납부한 경우에는 이미 지목변경분이 포함되어 과세된 것이다. 따라서 지목변경의 경우 지목변경 당시의 소유자에게만 취득세를 부과할 수 있는 것인데, 지목변경분이 취득가액에 이미 반영되어 매매가 되었기에 지목변경분이 포함된 토지를 취득한 자에게는 지목변경에 대하여 취득세를 부과한다면 이중과세이므로 또 다시 부과할 수 없는 것이다. 또한 소유권이전된 후에 지목변경일로부터 5년 이내에 중과사유가 발생된 경우에는 당초 납세의무자에게 지목변경 취득세 중과분의 납세의무를 지울 수 없다. 그 이유는 지목변경이 반영된 토지 취득자에게 토지에 대하여 중과세를 하여야 하기 때문에 지목변경 당시의 납세의무자에게 부과하는 것은 이중과세가 되는 것이며, 중과사유가 당초 지목변경 당시의 납세자가 아닌 승계취득자에 의해 발생된 것이기 때문이다.

5. 임차인의 지목변경

임차인이 지목변경을 하는 때에는 그 지목변경에 따른 취득세 납세의무는 토지소유자에게 있다. 지목변경을 한 자는 임차인이지만 지목변경에 소요되는 공사비는 토지의 가액 증가에 소요된 비용으로서 결국 토지의 가액 증가의 혜택은 토지소유자에게 돌아가기 때문에 취득세 납세의무는 토지 소유자에게 있다. 한편, 국·공유지를 임차하여 지목변경을 하는 때에는 국가나 지방자치단체가 납세의무자이지만 국가 등은 비과세대상자이므로 취득세를 과세할 수 없다(세정 13421-692, 1993.8.9.).

6. 기부채납

지목변경을 하면서 토지의 일부를 국가나 지방자치단체 등에 기부채납한다면 기부채납한 토지에 대하여 지목변경 비용에 대하여는 취득세 과세표준에서 제외되어야 한다.

7. 미준공 건축물과
    그 부속토지에 대한 지목변경

　A법인이 미준공 건축물과 그 부속토지를 취득한 후 미준공 건축물에 대한 나머지 공사를 진행한 후 사용승인받는다면 지목이 사실상 변경된 시점의 소유자인 A법인이 지목변경에 따른 취득세 납세의무자이다(지방세운영과-1701, 2010.4.26.). 한편, 지목변경을 사실상 변경된 시점의 소유자가 취득세 납세의무가 있는데, 승계취득하기 전에 사실상 지목변경이 되어 취득세 납세의무가 생긴 경우에는 납세의무성립 당시의 소유자(승계 전 소유자)가 취득세 납세의무가 있는 것이다.

8. 건축물 용도변경 관련 지목변경

　건축물 용도변경은 개발행위 허가 없이 가능하더라도 공부상으로 잡종지에서 대지로 변환된 경우라면 지목변경이 된 것이므로 취득세 과세대상이 된다. 한편, 공부상 지목변경이 되지 않았다 하더라도 사실상 지목변경이 된 경우 사실상 변경일을 취득일로 보고 취득세를 신고납부하여야 한다.

9. 과세표준

1) 판결문 또는 법인장부[7]로 토지 지목변경이 입증되는 경우
판결문 또는 법인장부상 지목변경 비용

2) 1) 이외의 경우
지목변경 이후 토지 공시지가 - 지목변경 전 공시지가(공사착공일 현재 공시지가)

여기서 해당 토지에 대한 개별공시지가의 공시기준일이 지목변경으로 인한 취득일 전인 경우에는 인근 유사토지의 가액을 기준으로 「부동산 가격공시 및 감정평가에 관한 법률」에 따라 국토교통부장관이 제공한 토지가격비준표를 사용하여 시장·군수가 산정한 가액을 말한다. 토지가액의 증가는 취득당시 또는 취득에 따른 것이며 그 지목변경을 사실상 지목변경도 포함하는 것이므로 이미 사실상 지목변경된 토지를 공부상으로만 변경시키는 경우는 적용할 여지가 없게 된다.

3) 법인 소유자
법인장부 등에 의하여 지목변경에 소요된 비용이 입증되는 경우에는 그 비용을 과세표준으로 하고 있으므로 법인의 경우에는 지목

---

7) '법인장부'란 2014.1.1.부터 금융회사의 금융거래 내역 또는 「부동산 가격공시 및 감정평가에 관한 법률」 제32조에 따른 감정평가서 등 객관적 증거서류에 의하여 법인이 작성한 원장·보조장·출납전표·결산서를 말함.

을 변경하였다고 하더라도 지목을 변경하는 데 소요된 비용이 법인장부상 없으면 취득세를 부과할 수 없다.

사실상 취득가격의 범위에는 지목변경에 수반되는 농지전용부담금, 대체농지조성비, 대체산림조림비는 과세표준에 포함되지만, 취득일 이후에 공사의 완료로 인하여 수익이 전제가 되는 「개발이익환수에 관한 법률」에 의한 개발부담금은 제외된다.

지목변경과 관련하여 발생하는 석벽, 옹벽 등 사방공사 관련비용 등은 토지조성원가(토지의 자본적 지출)로 보는 것이 타당하다 할 것이나(같은 뜻 국심 98경2333, 2000서2524, 97전2861, 94중3086, 93경3041, 감심 94-174 등 외 다수), 지목변경과 무관한 석벽, 옹벽 등 구조물 공사비용은 토지조성 원가로 보지 아니하고 별도의 구축물로 보는 것이다(같은 뜻, 2000서2524, 2000중3133, 2000중3109 등 외 다수).

한편, 사실상의 지목변경 없이 지목을 고르게 하면서 건축공사가 없이 하는 토공사(성토, 절토, 굴착공사)는 단순한 토지의 자본적 지출로서 취득세와는 무관하다. 다만 지목변경이 수반되는 경우에는 취득세 과세대상이다. 건축공사를 하는 경우에는 건축공사의 일부로 보아 과세대상이 된다. 따라서 취득세에서는 지목변경, 건물 신·증축 관련 옹벽공사는 과세대상이다.

4) 개인 소유자

개인이 지목변경하는 경우에 있어서 과세표준은 지목변경 전·후의 시가표준액(공시지가) 차이를 과세표준으로 하는 것이므로, 개인이 부담한 대체농지조성비(농지전용부담금, 각종 부담금)는 별도로 과세표준에 포함되는 것이 아니다(세정 13407-1282, 1995.12.8.).

5) 지목변경 이후의 공시지가보다 높은 가격으로 이미 취득세를 신고한 경우

재산가치의 증가가 전혀 없는데 단지 공부상 '답'이었을 때의 공시지가와 지목을 '대지'로 변경하였을 때의 공시지가가 높아졌다는 이유만으로 이를 부동산의 새로운 취득이라 볼 수는 없을 뿐 아니라, 지목변경 이후의 공시지가보다 높은 가격을 기준으로 하여 이미 취득세를 납부하는 것을 실질과세의 원칙에도 반한다 할 것이므로, 토지를 취득할 당시 사실상 대지였는지 여부와 관계없이 부과처분은 모두 위법하다(대법원 2009두4838, 2009.5.28.). 즉, 지목변경 이후의 공시지가보다 높은 가격을 기준으로 하여 이미 취득세를 납부한 납세자에게 단지 지목변경으로 공시지가가 증가하였다는 이유로 취득세를 부과한 것은 부당하다.

6) 착공시점의 공시지가보다 높은 가격으로 이미 취득세를 신고한 경우

상기 대법원 판례의 취지를 살펴보면 취득 시 취득세 과세표준이 착공시점의 공시지가보다 높았다면 지목변경 후의 공시지가에서 취득 시 과세표준을 차감한 잔액을 지목변경 과세표준으로 삼아야 한다고 주장할 수 있다. 만약, 차감한 잔액이 마이너스 즉 지목변경 후의 공시지가가 취득시의 취득가액보다 낮다면 당연히 지목변경에 따른 취득세를 부과하면 안 된다는 것이라는 것으로 확대해석

할 수 있다는 것이다.

7) 개인 토지 위에 법인이 지목변경한 경우

개인의 토지 위에 지상권을 설정한 법인이 지목변경을 한 경우 그 지목변경에 따른 취득세의 과세표준액은 법인장부에 의하여 지목변경공사에 소요된 일체의 비용이 되는 것이다(세정 13407-343, 2001.3.29.).

예를 들어 사회복지법인이 소유하고 있는 토지에 건축물을 건축함에 따라 그 부속토지가 대지로 지목변경되는 경우라면 지목변경에 따른 취득세는 면제대상이 되는 것이나, 개인명의로 되어 있는 농지에 사회복지법인이 노인전문요양시설을 건축하여 준공하는 경우 건축물의 사용검사일(준공검사일)이 지목변경일(취득일)이 되는 것이므로 농지소유자인 개인에게 취득세 납세의무가 있다(지방세정팀-1385, 2006.4.6.).

〈사 례〉 지목변경 수반하는 조경공사비와 포장공사비(세정 13407-1189, 2002.12.17.)

> 공동주택 신축공사 시 토지의 지목변경을 수반하는 공동주택단지 내 조경공사비와 포장공사비는 토지의 지목변경에 소요된 비용으로서 취득세 과세표준에 포함하는 것임.

〈사 례〉 과세표준에 산입되는 포장공사비와 조경공사비의 범위(세정 13407-1331, 2000.11.18.)

지목변경을 수반하지 아니하는 포장공사비와 조경공사비는 취득세 과세대상에서 제외됨.

10. 지목변경 시 취득시기

토지의 지목변경에 따른 취득은 토지의 지목이 사실상 변경된 날과 공부상 변경된 날 중 빠른 날은 취득일로 본다. 다만, 토지의 지목변경일 이전에 사용하는 부분에 대해서는 그 사실상의 사용일을 취득일로 본다.

토지의 지목변경 행위는 토지의 형질변경을 전제로 한 것이므로 여기서 토지의 형질변경이란 절토, 성토, 정지 등으로 토지의 형상을 변경하는 행위를 말하며 다만, 기존대지 안에서 공작물 등을 설치하기 위한 굴착행위는 제외한다고 규정하고 있는바, 사실상의 지목변경일은 토지의 형질변경공사가 완료된 때를 취득의 시기로 보아야 하고 '농지전용과 같이 토지의 형질변경을 수반하는 경우에는 형질변경의 원인이 되는 공사가 완료된 때를 취득의 시기로 본다'라고 규정하고 있다. 따라서 지목변경 취득일은 토지대장상 지목변경일이 아니며 주택착공일도 아니고, 주택준공일(주택의 사실상 사용일일 준공일보다 빠른 경우 사실상 사용일)이 되는 것이다.

공부상 전인 토지를 건축물 신축 이전부터 대지로 사실상 사용하고 있다가 건축물 신축 후 그 공부상의 지목을 실질에 맞게 지목변경을 하였다 할지라도 공부상의 지목이 변경되었다는 사유만으로 그 변경 시점에서 취득세 과세물건을 새로 취득한 것으로 볼 수 없다 하겠으므로, 지목변경에 따른 취득의 시기는 해당 토지의 사용·용도가 사실상으로 변경된 날로 보아야 할 것이다(도세과-117, 2008.3.20.).

건축공사가 수반되는 지목변경의 경우에는 건축물이 준공된 경우에야 비로소 지목변경이 되었다고 볼 수 있을 것이나, 건축공사가 수반되지 아니하고 토지 준공시점이 분명한 경우에는 구조물 공사가 완료된 시점이 취득시기가 될 것인데, 토지 준공시점이 불분명한 경우에는 공부상 지목변경일이 취득시기가 될 것이다.

한편, 2005.1.5. 이후부터는 지목변경일 이전에 사용하는 부분에 대하여는 사실상 사용한 날에 취득한 것으로 본다고 규정하고 있으며, 그 이후 지목이 사실상 변경된 날(사실상 변경된 날이 불분명한 경우에는 공부상의 지목변경된 날)까지 지출된 추가 공사비는 별도로 취득한 것으로 보고 있다.

1) 사실상 지목변경일

'사실상 지목변경일'이란 토지의 형질이나 이용상황이 달라져 주된 용도가 변경되었음에도 지적공부상 등록변경이 이루어지지 않은 것을 의미하는 것으로, 사실상 이족변경 시기는 토지의 지목을 변경하려는 자가 당초 의도한 대로 토지의 형질이나 이용상태가 변경될 때를 말하는 것이다.

① 행정관청의 허가 및 준공검사를 요하는 경우

토지의 형질이 변경되어 다른 지목으로 그 형태가 갖추어진 날을 말하는데 행정관청의 허가 및 준공검사를 요하는 개간이나 형질변경 허가의 경우는 그 준공신고서 등을 기준으로 취득일을 판단하여야 하며, 사용하고자 하는 의도대로 지목을 변경하여 사용하였음을 의미한다고 보는 것이 타당하다 하므로, 단순히 토지의 형질을 변경하는 경우에는 그 형질변경 공사가 완료된 시점에 이미 의도한 용도에 공여될 수 있어 이때를 지목변경일로 보아야 할 것이나, 건축공사가 수반되는 지목변경의 경우에는 해당 토지가 건축물의 부속토지로서의 기능에 공여될 수 있는 시점에 비로소 지목변경이 이루어졌다고 보아야 할 것으로, 건축공사가 진행 중인 기간은 비록 건축물을 신축하기 위한 기초공사가 완료되었다 하더라도 그러한 상태만으로 완전한 건축물의 부속토지로서의 기능을 수행하는 상태에 있는 것으로 보기는 어렵다 하겠고, 그렇다면 토지는 그 지상의 주택신축공사가 완료되어 사용승인서가 교부된 날에 농지인 '답'이 사실상 '대'로 지목이 변경되었다 하겠으므로 이때를 지목변경에 따른 취득일로 보아야 한다(행심 2006-76, 2006.2.27.).

② 행정관청의 허가 및 준공검사를 요하지 않거나 불법으로 형질변경한 경우

행정관청의 허가 및 준공검사를 요하지 아니하거나 불법으로 개간이나 형질변경을 한 경우에는 간접자료 및 실지조사에 의거 취득일을 판단해야 할 것이며, 사실상 변경일은 사실상 토지의 주된 용도를

변경한 날이라 말하는데, 그 변경이 있는지 여부는 토지의 형질변경 유무뿐만이 아니라 상하수도공사, 도시가스공사, 전기통신공사 유무를 비롯하여 여러 사정을 종합하여 객관적으로 판단되어야 한다.

2) 사실상 변경일 확인이 불가능한 경우

사실상의 지목변경일을 확인할 수 없을 때에는 공부상의 지목변경일을 취득일로 보아야 하는데, 이 경우 공부라 함은 토지대장뿐만 아니라 재산세 과세대상에 의한 현황지목을 판단할 수 있는 경우를 말한다.

<사 례> 임야에서 잡종지로 개간한 경우 지목변경 시점(대법원 2005두12756, 2006.7.13.)

> 「지적법」상 '토지의 주된 용도에 따라 토지의 종류를 구분하여 지적공부에 등록한 것'이므로(「지적법」§2 7), '토지의 지목을 사실상 변경'한다는 것은 사실상 토지의 주된 용도를 변경하는 것을 말하는데, 그 변경이 있는지 여부는 토지의 형질변경 유무뿐만이 아니라 상하수도공사, 도시가스공사, 전기통신공사 유무를 비롯하여 여러 사정을 종합하여 객관적으로 판단되어야 한다. 원심판결 이유에 의하면, 원심은 그 판시사실을 인정한 다음, 이 사건 토지는 1973.2.6. 경 위 ○○건설이 임야에서 골프장시설인 잡종지로 개간하여 준공한 이후 원고가 2001.7. 경 이를 취득할 때까지는 사실상 대지와 같이 형질 변경된 주거나지상태의 잡종지에 불과할 뿐이고, 택지조성공사가 완료 및 준공되었다고 볼 수는 없으며, 그 후 2003.5.14. 이 사건 토지 위에 주택을 완공함으로 인하여 비로소 사실상 대지로 지목변경이 이루어졌다고 봄.

〈사 례〉 사용승인서 교부된 때 건축물 부속토지 지목변경된 것임(
행심 2006-76, 2006.2.27.)

사실상 변경된 날의 의미는 사용하고자 하는 의도대로 지목을 변경하여 사용하였음을 의미한다고 보는 것이 타당하다 하겠으므로, 단순히 토지의 형질을 변경하는 경우에는 그 형질변경공사가 완료된 시점에 이미 의도한 용도에 공여될 수 있어 이때를 지목변경으로 보아야 할 것이나, 건축공사가 수반되는 지목변경의 경우에는 해당 토지가 건축물의 부속토지로서의 기능에 공여될 수 있는 시점에 비로소 지목변경이 이루어졌다고 보아야 할 것으로, 건축공사가 진행 중인 기간은 비록 건축물을 신축하기 위한 기초공사가 완료되었다 하더라도 그러한 상태만으로 완전한 건축물의 부속토지로서의 기능을 수행하는 상태에 있는 것으로 보기는 어렵다 하겠고, 그렇다면 이 사건 토지는 그 지상의 주택신축공사가 완료되어 사용승인서가 교부된 2005.3.31. 농지인 '답'이 사실상 '대'로 지목이 변경되었다 하겠으므로 처분청이 이때를 지목변경에 따른 취득일로 보아 이 사건 취득세 등을 부과한 처분은 잘못이 없다 할 것임.

11. 신탁재산에 대한 지목변경

1) 납세의무자는 수탁자

　감사원 심사례(감심 2012-151, 2012.10.11.)에 따르면 지목변경에 따른 취득세 과세대상이 되는 것은 토지의 소유권을 취득하거나 '소유하고 있는' 토지의 지목이 사실상 변경되어 그 가액이 증가한 경우인데, 구 「신탁법」상의 신탁은 위탁자가 수탁자에게 특정의 재산권을 이전하거나 기타의 처분을 하여 수탁자로 하여금 신탁 목적을 위해 그 재산권을 관리·처분하게 하는 것이므로, 부동산 신탁에 있어서 수탁자 앞으로 소유권이전등기를 마치게 되면 소유권이 수탁자에게 이전되는 것이지 위탁자와의 내부관계에 있어 소유권이 위탁자에게 유보되는 것은 아닌 점(대법원 2010다84246, 2011.2.10.), 구 「신탁법」 제19조는 '신탁재산의 관리·처분·멸실·훼손 기타의 사유로 수탁자가 얻은 재산은 신탁재산에 속한다'고 규정하고 있는데, 위 규정에 의하여 신탁재산에 속하게 되는 부동산 등의 취득에 대한 취득세의 납세의무자도 원칙적으로 수탁자인 점 등에 비추어 보면, 구 「신탁법」에 의한 신탁으로 수탁자에게 소유권이 이전된 토지에 있어 지목의 변경으로 인한 취득세 납세의무자는 수탁자로 봄이 타당하고, 위탁자가 그 토지의 지목을 사실상 변경하였다고 하여 달리 볼 것은 아니다(대법원 2010두2395, 2012.6.12. 참조)라고 판시하고 있다.

　〈사 례〉 신탁재산의 지목변경 취득세 납세의무자는 수탁자(지방세운영과-2124, 2008.11.11.)

신탁재산의 납세의무에 대하여 대법원 판례(2001두2720, 2003.6.10.)에서 토지의 수탁자가 신탁계약에 따라 그 토지상에 건축물을 신축한 다음 자신의 명의로 소유권보존등기를 하면서 신탁등기를 병행한 데 지나지 않는 경우에는 비과세대상에 해당한다고 할 수 없으므로 수탁자가 납세의무자가 된다고 판시하고 있고, 심사경정(구 행정자치부 지방세심사 제2001-114, 2001.3.27. 참조)에서도 「신탁법」상의 신탁은 수탁자에게 재산권의 관리, 처분의 권한이 부여되어 있고, 그 관리·처분의 권한이 비록 목적의 제한은 받지만 배타적으로 수탁자에게 귀속된다는 점에서 신탁관계로 인하여 수탁자가 재산을 취득한 경우에는 「지방세법」상 취득이 이루어진 것으로 봄이 타당하고 다만, 「지방세법」에서는 신탁등기가 병행된 신탁재산의 이전에 한하여 수탁자에게 취득세와 등록세를 부과하지 않는다고 예외적으로 규정하고 있으므로 신탁등기가 병행되지 않는 경우 수탁자에게 취득세 납세의무가 있는 것이라고 결정하고 있으므로, 위탁자와 수탁자(신탁회사)가 부동산 신탁계약을 체결하고 토지 소유권을 수탁자인 신탁회사로 이전한 후 수탁자가 상가를 건축함으로써 토지의 지목이 사실상 전·답에서 대지로 변경된 경우 신축건물 준공시점에 공부상 지목변경을 하지 않았다 하더라도 건축물의 준공에 따라 토지의 지목이 사실상으로 변경된 것이므로 지목변경에 따른 취득세 납세의무는 성립되는 것이고, 지목변경으로 인한 취득은 신탁등기가 병행되는 신탁재산의 취득이 아니므로 취득세는 비과세 대상에 해당되지 않아 수탁자에게 지목변경에 따른 취득세 납세의무가 있는 것임.

2) 지목변경에 의한 중과세

토지나 건축물을 취득한 후 5년 이내에 해당 토지나 건축물이 사치성 재산(예: 회원제 골프장)에 해당되는 경우 그 취득자에게 취득세 중과세율을 적용하는 것인바, 비록 신탁계약으로 수탁자에게 명의가 이전된 후에 사치성 재산으로 지목이 변경되었다고 하더라도 수탁자의 경우 형식적인 취득자로서의 취득세를 비과세하고 있는 점에 비추어 볼 때 해당 토지의 실질적인 소유자는 여전히 위탁자라고 할 것인 점, 지목변경에 따른 중과세율 적용과 같이 수탁자를 납세의무자로 볼 경우 '취득한 후 5년 이내'를 수탁일부터 다시 기산하게 되므로 과도하게 연장되는 한편, 수탁자는 비과세대상으로 중과세하려는 입법취지가 훼손될 우려가 있는 점, 법규 상호 간의 해석을 통하여 그 의미를 명백히 할 필요가 있는 경우에는 조세법률주의가 지향하는 법적 안정성 및 예측 가능성을 해치지 않는 범위 내에서 입법취지 및 목적 등을 고려한 합목적적 해석을 하는 것은 허용된다고 할 것(대법원 2007두4438, 2008.2.15. 참조)인 점 등을 종합적으로 고려해 볼 때 해당 토지의 실질적인 소유자인 위탁자를 취득세 중과세율 적용대상으로 봄이 타당하다(지방세운영과-3622, 2012.11.11.)라고 해석하고 있다.

그런데 위탁자가 중과세 회피를 목적으로 위·수탁계약한 사실 등이 확인되는 경우 이외에는 위탁자를 중과세 취득세 납세의무자라 해석한 것은 문제가 있다. 그 이유는 「신탁법」상의 신탁계약에 의하여 수탁자 명의로 신축한 건축물의 취득세 중과세 대상 여부도 수탁자를 기준으로 판단하여야 하는 점(대법원 2003.6.13. 선고2011두4979 판결 등 참조)에서 본점용으로 사용하는 자가 수탁자가 아닌 위탁자라면 건축물분에 대해서는 취득세 중과세 대상으로 보기는 곤란하다고 할 것이기 때문이다. 그리고 수탁자를 납세의무자로 보더라도 타인명의의 토지를 회원제 골프장으로 사용하는 경우에는 중과세가 되는 것이다.

한편, 지목변경 등의 경우 고급주택 사용 기준 또는 회원제 골프장 등록 기준으로 중과세 여부를 판단하고, 중과대상이 된다면 실제 사용자 또는 등록자 누구인지 여부와 관계없이 중과세 납세의무자가 되는 것이므로 중과대상이 수탁자의 부동산 취득일로부터 5년 이내에 중과사유가 발생되어야 한다는 것 이외에는 구분실익은 없다. 예를 들어 수탁자의 소유인 토지를 위탁자가 고급주택, 회원제 골프장용 토지나 건축물로 사용하고 있다면 수탁자의 명의로 중과세를 신고납부하여야 하는 것이며, 수탁자 명의로 등기하여 취득한 날부터 5년 이내에 지목변경 등을 한 경우에만 중과세되는 것이다.

12. 토지 취득의 과세객체 구분

　토지의 원시취득의 공유수면매립, 간척 등과 같은 '소유권의 창설형태'로 보아야 하고 승계취득은 '소유권이전형태'이며 간주취득은 소유권의 득실변경과 관계없이 '토지의 질적인 가액 증가로 인한 취득으로 보이지만 취득세의 기본세율은 동일하다.

　그러나 「지방세법」 제10조, 같은 법 시행령 제20조, 제4조, 제17조에서 취득의 시기, 과세표준액 산출 등을 각각 달리 규정하고 있는 것으로 미루어 보면 이는 과세객체가 구분되어 있는 것으로 보아야 하고 더구나 대법원 판례(대법원 96누2934, 1997.7.8.)에서도 토지 취득 당시 원래 지목인 전·답·임야 등이었던 골프장용 토지가 지목이 유원지(현행은 체육용지)인 골프장 토지로 간주 취득되어 지목의 사실상 변경으로 인하여 가액이 증가한 데에 대하여 취득세를 부과하더라도 이는 해당 토지 자체에 대한 취득세와는 그 부과대상이 다른 것이라고 하여 과세객체를 달리하고 있는 것으로 보인다. 즉, 토지취득(승계취득), 건축물 신축(원시취득)이 동시에 진행되었다면 각각의 과세객체별 취득시기를 결정하고 해당 과세객체에 귀속되는 직접비와 부대비용에 의하여 과세표준이 결정되어야 할 것이다.

13. 골프장용 토지에 대한 형질변경

당초 전·답·임야 등의 토지에 골프장시설공사를 하는 때에는 언제 체육용지(1992년도까지는 지목이 유원지였음)로 지목이 변경되어 간주취득에 따른 취득세 납세의무가 발생되는지가 문제이다. 이때의 지목변경에 따른 간주취득의 시기는 취락, 휴양 등에 적합한 시설물을 종합적으로 갖춘 골프장용 토지가 되는 때로서 전·답·임야에 대한 산림훼손(임목의 벌채 등), 형질변경(절토, 성토, 옹벽공사 등), 농지전용 등의 공사뿐만 아니라 잔디의 파종 및 식재, 임목의 이식, 조경작업 등과 같은 골프장으로서의 효용에 공하는 모든 공사를 완료하여 골프장 조성공사가 준공된 때 비로소 체육용지로 지목변경이 되는 것이므로 골프장 조성비와 잔디파종 및 식재비용 등을 골프장조성에 필수적인 비용으로서 모두 취득세 과세표준이 되고 또한 이들 비용은 골프장용 토지의 취득을 위한 것이므로 이에 대하여는 중과세율이 적용되어야 한다는 것이 대법원 판례(대법원96누12643, 1998.6.26., 대법원 92누18818, 1993.6.8., 대법원 89누5638, 1990.7.13.)일 뿐만 아니라 행정자치부의 심사결정례(2000-195, 2000.3.29.) 내용이다.

그러나 골프장 조성을 위하여 조경사업을 하였을 경우에 미등기한 수목 또는 임목은 토지의 구성부분이 되어 토지의 일부분이 됨에 그치는 것이므로(대법원 76마275, 1976.11.24. 참조), 비록 그 수목 또는 임목「지방세법」상 별도의 취득세 과세대상물건에 해당한다 하더라도 그 구입 및 식재비용은 원칙적으로 토지의 지목변경으로 인한 가액 증가에 소요된 비용으로서 지목변경에 의한 간주취득의 과세표준에 포함되고, 이 또한 골프장용 토지의 취득을 위한 것이므로 중과세율이 적용되어야 할 것이다(대법원 96누12634, 1998.6.26. 참조).

그러나 골프장의 조성을 위하여 골프장용 토지에 식재된 임목이 입목에 관한 법률 제2조에 의하여 등기된 수목의 집단으로서 '입목'에 해당하는 경우 「지방세법」상 별개의 취득세 과세대상물건에 해당할 뿐만 아니라 토지의 구성부분을 이루지 아니하여 사법상 별개의 물건으로 취급되고, 그 가액 또한 토지에 대한 유익비가 될 수 없으므로 그 입목의 가액을 토지의 지목변경으로 인한 가액 증가에 소요된 비용으로 볼 수 없어, 이를 구 「지방세법 시행령」 제84조의3 제1항 제1호의2 소정의 취득세 중과대상인 골프장용 '토지'의 취득을 위한 것이라고 하여 중과세율을 적용함은 조세법의 해석·적용에 요구되는 엄격해석의 원칙에 합치하지 아니한 확대해석으로 허용될 수 없다는 것이 대법원 판례(대법원 97누2245, 1999.9.3.) 내용이다.

참고로, 골프장용 토지로 사용하기 위하여 지목이 변경된 경우의 취득시기와 과세표준에 대한 대법원 판례(대법원 96누12634, 1998.6.26.)에 따르면 「지방세법」상 취득의 개념은 원시취득, 승계취득뿐만 아니라 지목의 사실상 변경으로 인하여 가액이 증가하는 경우의 간주취득까지를 포함하는 넓은 의미의 것으로, 골프장 토지는 그 지목이 유원지(현행은 체육용지)로서 원래 지목이 전·답·임야 등이었던 골프장용 토지가 간주취득시기인 유원지(현행은 체육용지)로서 되는 시기는 위락, 휴양 등에 적합한 시설물을 종합적으로 갖춘 골프장 토지가 되는 때, 즉 전·답·임야에 대한 산림훼손(임목의 벌채 등), 형질변경(절토, 성토, 벽공사 등), 농지전용 등 공사뿐만 아니라 잔디의 파종 및 식재, 임목의 이식, 조경작업 등과 같은 골프장으로서의 효능에 공하는 모든 공사를 완료하여 골프장 조성공사가 준공한 때에 비로소 유원지로서 지목변경이 된다고 볼 것이므로, 골프장 조성비와 잔디의 파종 및 식재비용 등 골프장 조성에 들인 비용은 지목변경을 위하여 소요된 비용으로서 모든 취득세 과세표준이 되고, 또한 이들 비용은 골프장용 토지의 취득을 위한 것이므로 이에 대하여는 중과세율이 적용되어야 마땅하다고 판시하고 있다.

14. 취득세의 신고납부

1) 일반세율에 의한 신고납부

개인이 토지를 취득한 후 5년 이내에 토지의 지목변경에 의하여 그 가액이 증가한 경우에는 그 증가분을 과세표준으로 하고 법인일 경우에는 법인장부상 지목변경에 따른 비용을 과세표준으로 하여 취득세의 일반세율인 2%를 적용하여 산출한 취득세를 사실상 지목이 변경된 시점일의 다음 날로부터 기산하여 30일 이내에 신고납부하여야 한다. 만약 토지의 지목을 변경한 자가 신고납부를 하지 아니하거나 신고납부한 세액이 정당한 세액에 미달하는 경우에는 과세권자가 취득세액의 20%(부정행위 등 40%)의 무신고가산세와 미납일 수에 3/10,000을 곱한 납부불성실가산세를 가산하여 산출한 취득세가 부과고지된다.

그리고 납세고지서상에 정하여진 납부기한 내에 납부하지 아니하면 납부기한의 다음 날로부터 가산금 5% 및 중가산금이 매월 1.2%씩 60개월간 부과된다.

2) 중과 세율에 의한 신고납부: 회원제 골프장용 토지

전·답·임야 등의 지목이 골프장용 토지인 체육용지의 지목으로 형질변경되는 간주취득시기는 골프장으로서의 효용에 공하는 모든 공사가 완료하여 골프장 공사가 준공된 때에 체육용지로 지목이 변경된 것으로 보아야 하기 때문에 골프장 조성에 소요된 비용은 지목변경을 위하여 소요된 비용으로서 모두 취득세 과세표준이 되고 또한 이들 비용은 골프장용 토지의 취득을 위한 것으로서 중과세 세율[8]이 적용되어야 하므로, 당초 토지를 취득할 당시에는 골프장용 토지가 아니기 때문에 일반과세의 세율인 2%로 신고납부하였으므로 이미 납부한 2%에 대한 취득세는 공제하고 8%의 세율을 적용하여 산출한 취득세를 골프장용 토지가 된 때로부터 60일 내에 신고납부하여야 할 것이다.

여기서 '골프장용 토지가 된 때'라 함은 「체육시설의 설치·이용에 관한 법률」에 의하여 체육시설업의 등록(변경등록 포함)하는 때를 말하나, 2004.7.1. 「지방세법」 제112조의 규정에 의하여 골프장은 그 시설을 갖추어 「체육시설의 설치·이용에 관한 법률」의 규정에 의하여 체육시설업의 등록을 하는 경우뿐만 아니라 등록을 하지 아니하더라도 사실상 골프장으로 사용하는 경우 그 부분에 대하여 사실상 사용하는 때가 취득시기가 되며, 그 이후 등록 시까지 지출된 지목변경비용은 등록시점에 추가로 취득한 것으로 보아 중과세하는 것으로 개정되었다.

---

8) 골프장에 대한 취득세 중과규정의 위헌 여부
 골프장은 국민건강증진을 위한 시설이기 때문에 중과세율을 적용하는 것은 헌법상 보장된 재산권, 직업선택의 자유를 침해하고 있다는 주장이 있으나 대법원 판례(대법원 96누12634, 1998.6.26. 선고)에서 「지방세법」이 골프장에 대하여 취득세를 중과하는 것은, 골프장은 비생산적인 사치성 재산으로 그 취득을 억제할 필요가 있는 한편 이러한 재산을 취득하는 데에 담세력이 있다고 보기 때문인바, 일반적으로 골프장은 그 이용자에 비하여 광대한 토지를 필요로 하고 골프장 취득행위 자체가 막대한 경제력을 요하는 것이므로, 「지방세법」이 골프장 취득에 대하여 상대적으로 높은 세율의 취득세를 부과하도록 하는 것에는 합리적 이유가 있고, 또한 그 세율을 통상세율의 7.5배(1991.1.1.부터는 5배)로 규정한 것도 골프장을 취득할 정도의 재정능력을 갖춘 자의 담세능력을 일반적으로 또는 절대적으로 초과하는 것이라거나 입법취지의 달성에 필요한 정도를 넘는 자의적인 세율의 설정이라고 볼 수도 없으므로, 이들 규정이 헌법상 보장된 평등권, 재산권, 직업선택의 자유를 침해하였다거나 시장경제원칙에 위반된다고 할 수 없다라고 선고하고 있기 때문에 골프장에 대한 취득세 중과규정의 위헌 여부는 다툼이 없어진 것으로 보아야 할 것이다.

제4장

골프장 관련 재산세

1. 회원제 골프장 토지 과세구분

1) 과세대상 구분

구분	분리과세 (중과세: 재산세 4%)	별도합산 (재산세: 0.4%)	종합합산 (재산세: 0.5%)
대상	코스 등 6종: 체시령 제20조	대중골프장, 골프연습장 스키장 등 체육시설용 등록, 신고 토지, 골프텔, 직원식당, 캐디 기숙사 등	원형보전지, 원형임야, 암석지, 잡종지, 유휴지, 농지, 코스외 별도 조정지, 직원숙소, 캐디하우스, 퇴비장 등
종부세	종부세 없음	종부세: 0.5~0.7%	종부세: 0.75~2%

2) 분리 중과세 대상: 「체육시설의 설치·이용에 관한 법률 시행령」 제20조 제4항

중과대상 (시행령 20조)	과거 (1996.05.28. 이전)	현재 (1996.05.28. 개정 후)
1. 골프코스	티그라운드·페어웨이 라프·해저드그린 등	개정 이전과 동일
2. 주차장 및 도로	주차장 및 도로 전체	개정 이전과 동일
3. 조정지	조정지 전체	골프코스와는 별도로 오수처리 등을 위하여 설치한 것 제외
4. 조경지	자연상태를 포함	토지의 형질을 변경한 후 경관을 조성한 지역에 한정
5. 관리시설부지	골프장 안의 모든 건축물부지 포함	수영장, 골프연습장, 연수시설, 오수처리시설, 태양열이용설비, 테니스장 등 골프의 용도에 직접 사용되지 아니하는 건축물을 제외
6. 잔디, 묘곡, 화훼 재배지	- 개정 시 추가	보수용 잔디 등 재배지, 골프장의 유지·관리 용도에 사용되는 토지

- 개정 취지: 골프장 용도에 직접 사용되지 아니하는 토지 및 건축물 중과에서 축소.

3) 조세심판원 주요 결정사례

- 조심 2017지157(2017.7.20. / ○○ CC)

- 조심 2016지159(2017.7.19. / ○○ CC) / - 조심 2017지93(2017.7 20. / ○○○ CC)

- 조심 2016지180(2016.2.2. / ○○ CC) / - 조심 2015지240(2016.12.7. / ○○ CC)

- 조심 2016지66(2016.5.26. / ○○ CC) / - 조심 2016지182(2016.11.8. / ○○ CC)

❖ "홀과 홀 사이의 임야는 종합합산으로 과세하여야 한다."

→ 대법 2006두14322(2006.11.9.)

2. 「체육시설의 설치·이용에 관한 법률 시행령」 연혁

1) 1989.7.1, 대통령령 제12743호: 제정

제4조(등록신청)

① 법 제6조 제1항의 규정에 의하여 체육시설업의 등록을 하고자 하는 자는 체육시설업 등록신청서에 다음 각 호의 서류를 첨부하여 관할특별시장·직할시장 또는 도지사(이하 "시·도지사"라 한다)에게 제출하여야 한다.

1. 신청인(법인인 경우에는 그 대표자)의 신원증명서
2.. 법인등기부 등본(법인인 경우에 한한다)
3. 부동산 등기부 등본(타인 소유인 경우에는 공증인이 인증한 그 부동산의 사용권을 증명할 수 있는 서류)
4. 다른 법률에 의하여 허가·인가 등을 받았거나 신고를 한 경우에는 그 허가서·인가서·신고서 등의 사본
5. 시설의 평면도 및 배치도
6. 체육부령이 정하는 시설별 일람표

② 제1항의 규정에 의하여 체육시설업을 등록한 자가 그 등록사항을 변경하고자 할 때에는 체육시설업 변경등록 신청서를 시·도지사에게 제출하여야 한다.

③ 제1항의 규정에 의한 체육시설업 등록신청서 및 제2항의 규정에 의한 체육시설업 변경등록 신청서의 서식은 체육부령으로 정한다.

(부 칙)

제3조 (사업계획승인, 등록 또는 신고에 관한 경과조치)

① 이 법의 시행에 의하여 이 법에 의한 체육시설업으로 되는 영업으로서 이 법 시행전에 다른 법률에 의하여 사업계획승인을 받았거나 등록 또는 신고한 것은 이 법에 의하여 사업계획승인을 받았거나 등록 또는 신고한 체육시설업으로 본다.

2) 1990.6.16. 대통령령 제13021호: 등록대상 최초 규정

제4조(등록신청)

① 〈생략〉

② 제1항의 규정에 의하여 체육시설업을 등록하고자 하는 자중 골프장업을 등록하고자 하는 자는 골프장업을 등록할 때에 당해 골프장의 토지중 다음 각호에 해당하는 토지 및 골프장 안의 건축물을 구분하여 등록하여야 한다. 〈신설 1990·6·16〉

1. 코스(티그라운드·페어웨이·라프·해저드·그린[9]등을 포함한다)

2. 주차장 및 도로

3. 조정지

---

9) 골프 코스는 일반적으로 18홀을 한 단위로 구성되며, 1개의 홀은 티그라운드(Teeing Ground), 페어웨이(Fairway), 러프(Rough), 그린(Green), 해저드(Hazard)의 5개 구역으로 구성되어 있다.
① 티잉 그라운드(Teeing Ground): 약칭은 티. 각 홀의 출발구역.
② 페어웨이(Fairway): 공을 타격하기 좋게 항상 잔디를 짧게 깎아놓은 구역.
③ 러프(Rough): 페어웨이 이외의 의도적인 비정비非整備 지대.
④ 그린(Green): 퍼팅을 하기 위해 잔디를 짧게 깎아 정비 해 둔 지역.
⑤ 해저드(Hazard): 코스의 난이도 또는 조경을 위해 코스 내에 설치한 장애물
 - 벙커(Bunker): 움푹 패인 곳에 모래가 깔려 있는 곳
 - 워터해저드(Water hazard): 바다·호소·하천·연못·고랑·크리크 등의 수역水域.

4. 골프장의 운영 및 유지·관리에 활용되고 있는 조경지(자연상태를 포함한다) 및 골프장의 유지·관리에 사용되는 토지

5. 관리시설(사무실·휴게시설·매점·창고·오수처리시설 기타 골프장 안의 모든 건축물을 포함한다) 및 그 부속토지

③ 제1항의 규정에 의하여 체육시설업을 등록한 자가 그 등록사항을 변경하고자 할 때에는 체육시설업 변경등록 신청서를 시·도지사에게 제출하여야 한다.

④ 제1항의 규정에 의한 체육시설업 등록신청서 및 제3항의 규정에 의한 체육시설업 변경등록 신청서의 서식은 체육부령으로 정한다. 〈개정 1990·6·16〉

(부 칙)

② (경과조치)

이 영 시행당시 종전의 규정에 의하여 등록된 골프장은 1990년 6월 1일 이전에 제4조 제2항 각호에 해당하는 토지 및 건축물을 구분하여 등록한 것으로 본다.

3) 1994.6.17. 대통령령 제14284호: 전부개정 조항만 옮김(대상 불변)

제20조(등록신청)

① 법 제21조 제1항의 규정에 의하여 체육시설업의 등록을 하고자 하는 자는 체육시설업등록신청서에 문화체육부령이 정하는 서류를 첨부하여 관할시장·군수 또는 구청장에게 제출하여야 한다.

② 시장·군수 또는 구청장은 제1항의 규정에 의한 체육시설업등록신청서를 제출받은 때에는 그 제출받은 날부터 15일 이내에 검

토의견서를 첨부하여 이를 시·도지사에게 송부하여야 한다.

③ 시·도지사는 제2항의 규정에 의하여 체육시설업등록신청서를 송부받은 때에는 그 내용을 검토한 후 체육시설업 등록부에 이를 기재하고 지체없이 등록증을 교부하여야 하며, 그 등록사항을 관할시장·군수 또는 구청장에게 통보하여야 한다.

④ 제1항의 규정에 의하여 체육시설업의 등록을 하고자 하는 자 중 회원제 골프장업의 등록을 하고자 하는 자는 당해 골프장의 토지중 다음 각호에 해당하는 토지 및 골프장 안의 건축물을 구분하여 등록을 신청하여야 한다.

1. 골프코스(티그라운드·페어웨이·라프·해저드·그린등을 포함한다)
2. 주차장 및 도로
3. 조정지
4. 골프장의 운영 및 유지·관리에 활용되고 있는 조경지(자연상태를 포함한다) 및 골프장의 유지·관리에 사용되는 토지
5. 관리시설(사무실·휴게시설·매점·창고·오수처리시설 기타 골프장 안의 모든 건축물을 포함한다) 및 그 부속토지

⑤ 제1항 내지 제4항의 규정은 체육시설업의 변경등록신청에 관하여 이를 준용한다. 이 경우 제2항 중 "15일"은 "10일"로 본다.

4) 1996.5.28. 대통령령 제15003호: 등록대상 축소

제20조(등록신청)

① ~ ③ 〈생략〉

④ 제1항의 규정에 의하여 체육시설업의 등록을 하고자 하는 자

중 회원제 골프장업의 등록을 하고자 하는 자는 당해 골프장의 토지중 다음 각호에 해당하는 토지 및 골프장 안의 건축물을 구분하여 등록을 신청하여야 한다. 〈개정 1996·5·28〉

1. 골프코스(티그라운드·페어웨이·라프·해저드·그린등을 포함한다)
2. 주차장 및 도로
3. 조정지(골프코스와는 별도로 오수처리등을 위하여 설치한 것을 제외한다)
4. 골프장의 운영 및 유지·관리에 활용되고 있는 조경지(골프장조성을 위하여 산림훼손, 농지전용등으로 토지의 형질을 변경한 후 경관을 조성한 지역을 말한다)
5. 관리시설(사무실·휴게시설·매점·창고 기타 골프장 안의 모든 건축물을 포함하되, 수영장·테니스장·골프연습장·연수시설·오수처리시설 및 태양열이용설비등 골프장의 용도에 직접 사용되지 아니하는 건축물을 제외한다) 및 그 부속토지
6. 보수용 잔디 및 묘목·화훼재배지등 골프장의 유지·관리를 위한 용도로 사용되는 토지

〈주요 축소 내용〉

1. 조정지 중 골프코스와는 별도로 오수처리 등을 위하여 설치한 것을 제외
2. 이전에는 자연상태의 조경지도 등록대상이었으나, 이를 골프장조성을 위하여 산림훼손, 농지전용 등으로 토지의 형질을 변경한 후 경관을 조성한 지역만을 등록대상으로 축소함.
5. 등록대상인 관리시설에 "사무실·휴게시설·매점·창고·오수처리시설 기타 골프장 안의 모든 건축물을 포함"토록 했던 것을, 그 중에서 오수처리시설도 제외하고 더하여 "수영장·테니스장·골프연습

장·연수시설·오수처리시설 및 태양열이용설비 등 골프장의 용도에 직접 사용되지 아니하는 건축물을 제외"하도록 함에 따라 지방세가 중과세되는 등록 대상을 축소하여 지방세의 감면을 가져오는 효과가 발생함.

5) 2011.7.4. 대통령령 제23016호: 현행 규정이며 등록대상 차이 없음

제20조(등록신청)

① 법 제19조 제1항에 따라 체육시설업의 등록을 하려는 자는 체육시설업 등록신청서에 문화체육관광부령으로 정하는 서류를 첨부하여 관할 시·도지사에게 제출하여야 한다. 〈개정 2008.2.29〉

② 시·도지사는 제1항에 따른 체육시설업 등록신청서를 받았을 때에는 그 내용을 검토한 후 체육시설업 등록부에 이를 적고 등록증을 발급하여야 한다.

③ 제1항에 따라 체육시설업의 등록을 하려는 자 중 회원제 골프장업의 등록을 하려는 자는 해당 골프장의 토지 중 다음 각 호에 해당하는 토지 및 골프장 안의 건축물을 구분하여 등록을 신청하여야 한다.

1. 골프코스(티그라운드·페어웨이·러프·해저드·그린 등을 포함한다)
2. 주차장 및 도로
3. 조정지(골프코스와는 별도로 오수처리 등을 위하여 설치한 것은 제외한다)
4. 골프장의 운영 및 유지·관리에 활용되고 있는 조경지(골프장 조성을 위하여 산림훼손, 농지전용 등으로 토지의 형질을 변경한 후 경관을 조성한 지역을 말한다)

5. 관리시설(사무실·휴게시설·매점·창고와 그 밖에 골프장 안의 모든 건축물을 포함하되, 수영장·테니스장·골프연습장·연수시설·오수처리시설 및 태양열이용설비 등 골프장의 용도에 직접 사용되지 아니하는 건축물은 제외한다) 및 그 부속토지

  6. 보수용 잔디 및 묘목·화훼재배지등 골프장의 유지·관리를 위한 용도로 사용되는 토지

 ④ 체육시설업의 변경등록신청에 관하여는 제1항부터 제3항까지의 규정을 준용한다.

3. 회원제 골프장 토지분 재산세 과세자료 확인

1) 재산세 과세자료 확인

1996.5.28. 개정된 「체육시설의 설치·이용에 관한 법률 시행령」 제20조 제3항에 의거 구분등록에서 제외되는 골프장 원형보전지, 코스와 별도로 설치된 조정지, 골프장 용도에 직접 사용되지 아니하는 건축물에 대하여 골프장 토지 현황을 지번별로 현장 조사하여 분리과세(4%)로 중과되는 토지를 저율 분리과세, 종합합산, 별도합산, 비과세로 구분 정비하여, 재산세 절세로 골프장 손익에 기여하고, 종합부동산세를 적정하게 부과하도록 정비하려면 토지분 재산세 과세자료를 반드시 확인하여야 한다.

◆ 「체육시설의 설치·이용에 관한 법률 행령」제20조(등록신청) 제3항 ◆

(1) 골프코스(티그라운드, 페어웨이, 러프, 해저드, 그린 등 포함)
(2) 주차장 및 도로
(3) 조정지(골프코스와는 별도로 오수처리 등을 위하여 설치한 것은 제외)
(4) 조경지(골프장 조성을 위하여 산림훼손, 농지전용 등으로 토지의 형질을 변경한 후 경관을 조성한 지역)
(5) 관리시설(사무실, 휴게시설, 매점, 창고와 그 밖에 골프장 안의 모든 건축물 포함) 및 그 부속토지. 단, 수영장, 테니스장, 골프연습장, 연수시설, 오수처리 시설, 태양열이용설비 등 골프장의 용도에 직접 사용되지 아니하는 건축물은 제외
(6) 보수용 잔디 및 묘목, 화훼 재배지 등 골프장의 유지·관리를 위한 용도로 사용되는 토지

2) 재산세 유형별 부과구분

① 분리과세

회원제 골프장 구분등록 토지 고율 분리과세(4%)

저율 분리과세(0.07%)(사권제한 임야, 산림경영계획인가 보전산지 등)

② 종합합산

원형보전지, 원형임야, 잡종지, 농지, 코스와 별도로 설치된 조정지(워해저드 제외), 오수처리시설, 연수시설, 태양열이용설비, 캐디숙소, 직원숙소 등 골프장 용도에 직접 사용되지 아니하는 건축물

③ 별도합산

수영장, 테니스장, 골프연습장, 대중제 골프장 등 운동시설, 골프텔, 산림경영계획인가(준보전산지), 직원식당

④ 비과세

일반인의 자유로운 통행에 이용되는 사도

3) 주요 확인 사항

① 구분등록된 토지 중 조경지가 아닌 자연상태의 원형임야, 원형보전지, 유휴지 등

② 조정지(오수처리장 등 코스와 무관하게 별도로 설치)

③ 골프연습장, 임직원 연수, 후생시설, 오수처리장, 태양열이용시설, 캐디숙소, 직원식당, 예지물(폐기물 처리장) 창고, 진입도로 등

4) 토지분 재산세 적정여부 확인

① 골프장 등록서류, 재산세 과세내역서 사본 등, 대상토지 확정,

현장조사

❖ 토지 현장조사 시 조경과 시설 전문가 지원 필요

② 대상 토지확정, 면적 산정을 위한 시설배치도 도면 작업[10](CAD) (최종 확인, 항공사진 출력)

❖ 인허가 회사의 협조가 반드시 필요

5) 관련법령의 규정

① 「지방세법」 제106조 제1항 제1호에서는 "과세기준일 현재 납세의무자가 소유하고 있는 토지 중 별도합산 또는 분리과세대상이 되는 토지를 제외한 토지"를 종합합산과세대상으로 하고 있으면서, 그 제2호에서는 건축물의 부속토지 등 별도합산과세대상을, 그 제3호에서는 분리과세대상을 각각 규정하고 있다.

② 재산세 중과세 대상을 규정한 「지방세법」 제106조 제1항 제3호의 "다"목에서는 제13조 제5항에 따른 골프장용 토지로서 대통령령으로 정하는 토지를 중과세 대상으로 규정하고 있고, 제13조 제5항[11] 제2호를 보면, "체육시설의 설치·이용에 관한 법률」에 따른 회원제

---

10) 시설배치도에 신청대상 토지의 면적산정, 오류수정, 원형보전지 위치 별 면적산정, 추가 필요사항 작업. 항공사진 출력.
11) 제13조(과밀억제권역 안 취득 등 중과)
⑤ 다음 각 호의 어느 하나에 해당하는 부동산 등을 취득하는 경우(별장 등을 구분하여 그 일부를 취득하는 경우를 포함한다)의 취득세는 제11조 및 제12조의 세율과 중과기준세율의 100분의 400을 합한 세율을 적용하여 계산한 금액을 그 세액으로 한다. 이 경우 골프장은 그 시설을 갖추어 「체육시설의 설치·이용에 관한 법률」에 따라 체육시설업의 등록(시설을 증설하여 변경등록하는 경우를 포함한다. 이하 이 항에서 같다)을 하는 경우뿐만 아니라 등록을 하지 아니하더라도 사실상 골프장으로 사용하는 경우에도 적용하며, 별장·고급오락장에 부속된 토지의 경계가 명확하지 아니할 때에는 그 건축물 바닥면적의 10배에 해당하는 토지를 그 부속토지로 본다.
2. 골프장: 「체육시설의 설치·이용에 관한 법률」에 따른 회원제 골프장용 부동산 중 구분등록의 대상이 되는 토지와 건축물 및 그 토지 상上의 입목

골프장용 부동산 중 구분등록의 대상이 되는 토지와 건축물 및 그 토지 상上의 입목"을 골프장이라고 규정하고 있는데, 위「지방세법」제13조 제5항 제2호가 재산세의 중과세 대상으로 인용한「체육시설의 설치·이용에 관한 법률 시행령」제20조 제3항에서는,

1. 골프코스(티그라운드·페어웨이·러프·해저드·그린 등을 포함)
2. 주차장 및 도로
3. 조정지(골프코스와는 별도로 오수처리 등을 위하여 설치한 것은 제외)
4. 골프장의 운영 및 유지·관리에 활용되고 있는 조경지(골프장 조성을 위하여 산림훼손, 농지전용 등으로 토지의 형질을 변경한 후 경관을 조성한 지역을 말한다)
5. 관리시설(생략) 및 그 부속토지
6. 보수용 잔디 및 묘목·화훼 재배지 등 골프장의 유지·관리를 위한 용도로 사용되는 토지를 구분등록대상 토지로 각각 나열하고 있다.

6) 골프장 법인 입장에서 주요 검토해야 할 사항

① 골프장 외곽에 소재하는 농지와 저류지 및 임야는 물론, 골프장 안의 각 코스사이에 위치하고 있더라도 골프코스 및 조경지 등으로 훼손된 부분(분리중과세 요청한 부분)을 제외한 자연상태의 토지들은 구분등록대상인 조경지가 아님으로 중과세 대상이 될 수 없다.

첫째, ○○리 ○○○번지 외 20필지에 대하여 처분청이 분리중과세 대상으로 분류한 면적 1,673,782㎡ 중 339,890㎡(별첨 수정요청 내역 중 1. 참조)는 조경지가 아닌 원형의 임야와 암석지 및 잡종지 등

의 자연 상태 토지로서, 골프장으로 훼손(형질변경)하거나 인위적으로 경관을 조성한 사실이 전혀 없는 자연 그대로의 토지이고,

둘째, ○○리 ○○○번지 외 21필지에 대하여 처분청이 분리중과세 대상으로 분류한 1,624,353㎡ 중 127,308㎡(별첨 수정요청내역 중 2. 참조)는 골프장 밖에 위치하여 골프장 용도와 무관한 원형의 임야와 유휴지 및 잡종지 등 당초부터 훼손(형질변경)하거나 인위적으로 경관을 조성한 사실이 전혀 없는 자연 상태로 보존된 토지로서, 이들 토지는 모두 구분등록대상인 조경지가 아님으로 중과세 대상이 될 수 없는바, 그 이유는 다음과 같다.

(가) 조경지가 아닌 원형지는「지방세법」상 중과세 대상인 "골프장"이 아니다.

재산세의 중과세 대상인 "골프장"이란「지방세법」"제13조 제5항에 따른 골프장"을 말하는데, 그 제13조 제5항 제2호에서 "체육시설의 설치·이용에 관한 법률」의 규정에 의한 회원제 골프장용 부동산 중 구분등록의 대상이 되는 토지와 건축물"을 "골프장"이라고 규정하고 있으며, 체육시설의 설치 이용에 관한 법률시행령 제20조 제3항에서는 1. 골프코스(티그라운드·페어웨이·러프·해저드·그린 등을 포함) 2. 주차장 및 도로 3. 조정지(골프코스와는 별도로 오수처리 등을 위하여 설치한 것은 제외) 4. 골프장의 운영 및 유지·관리에 활용되고 있는 조경지(골프장 조성을 위하여 산림훼손, 농지전용 등으로 토지의 형질을 변경한 후 경관을 조성한 지역을 말한다) 5. 관리시설(생략) 및 그 부속토지, 6. 보수용 잔디 및 묘목·화훼 재배지 등 골프장의 유지·관리를 위한 용도로 사용되는 토지를 각 규정하고 있으므로, 지방세법에서의 "

골프장"이란 전체 골프장 사업승인면적 중 위에 나열된 여섯 가지에 한정된다고 할 것이다. 따라서 골프코스 사이는 20미터 이상의 간격을 두도록 한 관련규정[12]에 따라 존치되는 코스사이의 원형지는 골프코스가 아닌 것이 확실할 뿐만 아니라, 골프코스[13] 주변, 러프지역, 절토나 성토지의 경사면 등에는 조경을 하여야 한다"라고 하여 "러프" 등을 조경지로 하도록 되어 있는바, 인위적으로 형질변경을 하거나 조경한 사실이 전혀 없는 골프 코스와의 경계가 분명한 원형지가, 골프코스에 연접(반드시 연접할 수 밖에 없음)되어 있음으로 인하여 골퍼가 친 공이 들어 갈 수 있다거나, 골프 코스와 원형지의 경계가 모호하다는 등의 이유를 들어, 이건 원형지를 골프코스로 중과세한 처분청의 과세처분은 법령의 규정을 명백하게 위반한 처분이라고 사료된다.

(나) 원형임야는 그 실질이 산림자원의 조성 및 관리에 관한 법률을 적용받는 임야이다.

---

12) 체육시설업의 종류별 기준
    가. 골프장업

구분	시설기준
① 운동시설	- 회원제 골프장업은 3홀 이상, 정규 대중골프장업은 18홀 이상, 일반 대중골프장업은 9홀 이상 18홀 미만, 간이골프장업은 3홀 이상 9홀 미만의 골프코스를 갖추어야 한다. - 각 골프코스 사이에 이용자가 안전사고를 당할 위험이 있는 곳은 20미터 이상의 간격을 두어야 한다. 다만, 지형상 일부분이 20미터 이상의 간격을 두기가 극히 곤란한 경우에는 안전망을 설치할 수 있다. - 각 골프코스에는 티그라운드·페어웨이·그린·러프·장애물·홀컵 등 경기에 필요한 시설을 갖추어야 한다.
② 관리시설	- 골프코스 주변, 러프지역, 절토지切土地 및 성토지盛土地의 경사면 등에는 조경을 하여야 한다.

13) 골프 코스는 일반적으로 18홀을 한 단위로 구성되며, 1개의 홀은 티그라운드(Teeing Ground), 페어웨이(Fairway), 러프(Rough), 그린(Green), 해저드(Hazard)의 5개 구역으로 구성되어 있다.

먼저 "골프장의 입지기준 및 환경보전 등에 관한 규정" 제2조 제2호에서 "골프장사업계획지내의 산림"을 「산림자원의 조성 및 관리에 관한 법률」 제2조 제1호의 규정에 의한 산림"으로 한정하고 있기 때문에, 원형임야는 조경지나 농지 또는 목장용지 등을 포함할 수 없고, 반드시 산림기본법과 산림자원의 조성 및 관리에 관한 법률을 적용받는 임야여야 하고, 산림자원의 조성 및 관리에 관한 법률 제6조를 보면, "산림소유자는 「산림기본법」 제13조에 따른 지속가능한 산림경영의 평가기준 및 평가지표에 맞게 산림을 관리하도록 노력하여야 한다"라고 규정하고 있고, 같은 법 제36조 제1항에서는 "산림 안에서 입목의 벌채, 임산물의 굴취·채취를 하려는 자는 농림수산식품부령으로 정하는 바에 따라 시장·군수·구청장이나 지방산림청장의 허가를 받아야 한다"라고 규정하고 있어, 이건 원형임야내의 임목을 청구법인이 임의대로 벌채할 수도 없는 등 임야로써 각종의 규제를 받고 있다.

(다) 원형지는 중과세 대상에서 제외하도록 관련 규정이 개정되었다. 현행 「체육시설의 설치·이용에 관한 법률 시행령」 제20조 제3항 제4호를 보면, "골프장의 운영 및 유지·관리에 활용되고 있는 조경지(골프장 조성을 위하여 산림훼손, 농지전용 등으로 토지의 형질을 변경한 후 경관을 조성한 지역을 말한다)"를 구분등록대상 토지로 규정하고 있는데, 개정 전의 "조경지"에는 "자연상태를 포함한다"라고 하여 원형임야도 중과세 대상에 포함되어 있었으나, 1996.5.28. 대통령령 제15003호로 "골프장 조성을 위하여 산림훼손, 농지전용 등으로 토지의 형질을 변경한 후 경관을 조성한 지역을 말한다"라고 한정함

에 따라 원형이 보전된 토지는 구분등록대상에서 제외하도록 개정함으로써, 당연히 지방세 중과대상에서 제외된 것으로, 이는 "회원제 골프장의 시설물 중 법령의 규정에 따라 의무적으로 설치하여 골프장의 용도에 직접 사용되지 아니하는 시설물에 대하여 지방세 중과세 대상이 되는 구분등록대상에서 제외"한다는 당시의 "개정[14]이유"를 보더라도, 이건 원형지 등을 중과세 대상에서 제외하려는 취지가 분명하다 하겠다.

② 오수처리 등을 위하여 코스 외에 설치한 조정지(○원리 295-1번

---

14) 등록대상(체시법 시행령) 규정의 개정(1996.5.28.)전후
1. 개정 전
제20조(등록신청)
① ~ ③ 〈생략〉
④ 제1항의 규정에 의하여 체육시설업의 등록을 하고자 하는 자중 회원제 골프장업의 등록을 하고자 하는 자는 당해 골프장의 토지 중 다음 각호에 해당하는 토지 및 골프장 안의 건축물을 구분하여 등록을 신청하여야 한다.
1. 골프코스(티그라운드·페어웨이·라프·해저드·그린등을 포함한다)
2. 주차장 및 도로
3. 조정지
4. 골프장의 운영 및 유지·관리에 활용되고 있는 조경지(자연상태를 포함한다) 및 골프장의 유지·관리에 사용되는 토지
5. 관리시설(사무실·휴게시설·매점·창고·오수처리시설 기타 골프장 안의 모든 건축물을 포함한다) 및 그 부속토지

2. 개정 후〈개정 1996·5·28〉
제20조(등록신청)
① ~ ③ 〈생략〉
④ 제1항의 규정에 의하여 체육시설업의 등록을 하고자 하는 자중 회원제 골프장업의 등록을 하고자 하는 자는 당해 골프장의 토지 중 다음 각 호에 해당하는 토지 및 골프장 안의 건축물을 구분하여 등록을 신청하여야 한다.
1. 골프코스(티그라운드·페어웨이·라프·해저드·그린등을 포함한다)
2. 주차장 및 도로
3. 조정지(골프코스와는 별도로 오수처리등을 위하여 설치한 것을 제외한다)
4. 골프장의 운영 및 유지·관리에 활용되고 있는 조경지(골프장조성을 위하여 산림훼손, 농지전용등으로 토지의 형질을 변경한 후 경관을 조성한 지역을 말한다)
5. 관리시설(사무실·휴게시설·매점·창고 기타 골프장 안의 모든 건축물을 포함하되, 수영장·테니스장·골프연습장·연수시설·오수처리시설 및 태양열이용설비등 골프장의 용도에 직접 사용되지 아니하는 건축물을 제외한다) 및 그 부속토지
6. 보수용 잔디 및 뮤목·화훼재배지등 골프장의 유지·관리를 위한 용도로 사용되는 토지

지 외 2필지에 중과세되는 면적 667,278㎡ 중 5,969㎡, 내역: 별첨 수정 요청내역 중 3. 참조) 또한 중과세 대상이 아니다. (가) 「체육시설의 설치·이용에 관한 법률 시행령」 제20조 제3항 제4호를 보면, 골프장의 토지 중 "조정지(골프코스와는 별도로 오수처리 등을 위하여 설치한 것을 제외한다)"를 구분등록대상 토지로 규정하고 있다. (나) 따라서 재산세가 중과세 되는 "조정지"는 코스의 난이도 또는 조경을 위해 코스 내에 설치한 워터해저드(Water hazard)에 국한되는 것일 뿐, 일반적으로 빗물이나 오수 등을 일시 저장하여 정화한 다음 이를 재활용하거나 하천으로 흘러보내려는 목적으로 코스와 관계없이 설치된 이건 조정지는 중과세 대상인 등록대상이 아니다. (다) 특히 「체육시설의 설치·이용에 관한 법률 시행령」의 개정연혁을 보면, 당초 골프장내 모든 조정지를 등록대상으로 규정하고 있었으나, 1996. 5. 28. 대통령령 제15003호로 위 조항을 개정(각주 4, 대비표 참조)하여 "골프코스와는 별도로 오수처리 등을 위하여 설치한 것을 제외"하도록 명백하게 규정함으로써 지방세의 중과세 대상에서 제외한 것으로 이해하고 있다. (라) 이에 대하여 조세심판원에서도 "골프코스 외곽에 설치된 조정지로서 골프코스와 관련성이 없이 오수처리를 위하여 설치한 조정지"는 분리과세대상이 아니라는 결정(조심 2014지268, 2014. 10. 1.)을 하였는바, 코스와 별개로 설치된 조정지는 구분등록대상이 아니므로 재산세를 중과세해서는 안 될 것으로 사료된다. (3) ○○리 1-7번지 외 2필지에 대한 중과세 면적 814,736㎡ 중 4,851㎡(내역: 별첨 수정 요청내역 중 4. 참조)는 구분등록 대상이 아닌 연습장(퍼팅과 벙커연습)으로 사용하고 있으므로, 이 또한 중과세 대상이 아니다. 재산세의 중과세 대상인 "골프장"이란 "회원제 골프장용 부동산 중 구분등록의 대상이 되는 토지"와 건축물을 말하는바, 그 여섯 가지에 해당되지 아니하는 이건 연습장 부지는 종합합산으로 과세하는 것이 타당하다 할 것이다.

4. 골프장 건축물 구조지수 용도지수 적용 검토

1) 회원제 골프장 내 건축물에 대한 적용 용도지수 적용관련 질의
회신(지방세운영과-1189, 2015.04.20.)

① [답변요지]

건축물 용도에 따라 용도지수를 달리 적용하는 것이 건축물 시가표준액 산정기준에 부합하는 것으로 보아 일관되게 유권해석 하여 왔고, 골프장 내 건축물만 개별용도지수를 적용하지 않는 것이 합리적이라고 볼 근거도 없는 이상 골프장 내 건축물 용도지수는 각각의 건축물 용도를 기준으로 적용하는 것이 타당함.

② [사실관계]

회원제 골프장 내 건축물 현황

건축물	건축물대장(주용도)	주요 현황
클럽하우스	운동시설	식당,사무소,차고,락카등
그늘집	운동시설	일반음식점, 휴게소
골프지원센터 (직원사무실)외 건축물	운동시설, 창고시설	기계실, 사무실, 주유소, 창고 등
골프연습장	운동시설, 연습장관리실	운동시설, 휴게실, 분석실
양어장	양어관리사	양어관리사, 양어장

③ [질의요지]

회원제 골프장 내 건축물의 시가표준액 산정 시 용도지수를 운동시설(골프장)로 보아 127로 적용하여야 하는지, 아니면 각각의 건축물 용도지수를 적용하는지 여부

④ [회신내용]

건축물 용도에 따라 용도지수를 달리 적용하는 것이 건축물 시가표준액 산정기준에 부합하며, 이는 종전 우리부 유권해석의 일관된 입장이며, 건축물 시가표준액 산정기준은 1구 또는 1동의 건축물이 2 이상의 용도로 사용되는 경우에는 각각의 용도대로 구분하도록 규정하고 있고, 우리부 유권해석에서도 공장 내 사무실, 근린생활시설 내 주차장 등을 각각의 용도를 기준으로 적용하도록 일관되게 판단하고 있음.

한편 회원제 골프장 내 건축물을 골프장 용도지수로 적용하는 것은 취득세 중과대상인 회원제 골프장의 범위[취득세 중과범위에 골프장 관리시설이 포함되며, 관리시설 범위에 사무실, 휴게시설, 매점 등 골프장 안의 모든 건축물이 포함됨(체육시설법 시행령 §20 ③)]를 확대 해석하여 적용한 결과일 뿐, 골프장 내 건축물만 개별 용도지수를 적용하지 않고 골프장용 용도지수를 적용할 합리적 근거가 없다고 할 것임.

따라서 위의 내용을 종합적으로 고려해 볼 때, 골프장 내 건축물 용도지수는 각각의 건축물 용도를 기준으로 적용하는 것이 타당하다고 할 것임.

2) 회원제 골프장 건축물 중 관리시설에 대한 용도지수 적용 질의

(세정13407-198, 2002.03.04.)

① [질의요지]

회원제 골프장 건축물 중 관리시설(사무실, 휴게시설, 매점, 종업원 숙소, 창고 등)의 용도지수를 적용함에 있어 다음과 같이 양설이 있어 질의함.

〈갑설〉 현행 건물시가표준액 조정기준 지침에 "1구 또는 1동의 건축물이 2 이상의 용도에 사용되는 경우에는 각각의 용도대로 구분한다"라고 되어 있어 사용용도에 따라 용도지수를 적용하는 현황과세가 타당하다.

(이유) 일괄체육시설로 용도지수를 적용할 경우 연면적 992㎡ 이상의 대형건물에 붙이던 가산율 10/100을 적용할 수 없게 되고(옥내체육시설 제외), 다른 체육시설로 구분되는 관리시설도 모두 체육시설용도지수를 적용하여야 하므로 용도별로 구분적용해야 하는 일반건축물과 형평성의 문제가 대두됨(적용시·군: 성남, 고양, 안산, 남양주, 군포, 이천, 동두천, 김포, 포천, 광주, 하남, 양주, 여주, 가평).

〈을설〉 골프장 내의 건축물은「체육시설의 설치·이용에 관한 법률」에 의거 구분등록된 시설물이고 현행 건물시가표준액 조정기준지침의 용도번호 4에 "체육시설의 설치·이용에 관한 법률에 의한 시설, 사격장"이 지수 "117"을 적용하도록 명시되어 있어 골프장 내의 건축물을 일괄체육시설(지수 117)로 적용하는 것이 타당하다.

(이유) 지방세법 운용세칙 제188-2에 따라 지방세법 제188조 제1항 제2호(2)목에 의한 회원제 골프장에 대하여는 중과세를 적용하는 반면 대중골프장에 대하여는 일반세율을 적용하는 것으로 볼 때 골프장 내 관리시설도 체육시설로 적용하여 중과세율을 적용하는 것이 입법취지에 부합된다고 판단됨(적용 시·군: 화성, 파주, 안성, 용인).

② [회신내용]

1. 우리부의 2001년 건물시가표준액조정기준 2. 적용지수 나. 용도지수적용요령에는 1구 또는 1동의 건축물이 2 이상의 용도에 사용되는 경우에는 각각의 용도대로 구분하여 용도지수를 적용하되, 공용부분은 전용면적비율로 안분하고, 안분할 수 없는 부분은 사용면적이 제일 큰 용도의 건물에 부속된 것으로 보도록 규정하고 있으므로 귀문의 경우 회원제 골프장 내 건축물이 사무실, 휴게시설, 매점 등으로 사용되는 경우 용도지수는 현재 사용되는 각각의 용도를 기준으로 하여 적용하여야 하고

2. 1동의 연면적이 992㎡ 이상의 대형건물에 대한 가산율을 적용함에 있어서는 전체건물 1동을 기준으로 가산율을 적용하여야 하되, 옥내체육시설로 사용되는 부분만 가산율적용대상에서 제외하면 되는 것임.

3) 골프장 내 공구창고 용도지수 적용 관련 질의 회신
(지방세운영과-2796, 2012.09.15.)

① [답변요지]

용도지수 적용대상 건물에서 규정하는 생산설비로의 창고는 건물이 독립되어 일반적 창고의 역할인 물품보관 기능을 하여야 하는데, 상기 건축물은 대장상 주용도가 공구창고로 등재되어 있고 체육시설인 골프장이라는 범위 안에 들며 1동의 건물 중 일부만을 창고로 사용하므로 골프장에 부속된 시설로 체육시설로 보아 용도지수를 적용하여야 함.

② [질의요지(경기도 세정과-15980, 2012.07.11호와 관련)]

회원제 골프장내 공구창고로 사용되는 건축물 시가표준액 산정 시 용도지수를 체육시설(골프장)로 보아 125로 적용하여야 하는지, 아니면 생산시설(창고)로 보아 80을 적용하는지 여부

③ [회신내용]

「건물 시가표준액 조정기준」 용도지수 적용요령에서 1구 또는 1동의 건축물이 2 이상의 용도에 사용되는 경우에는 각각의 용도대로 구분하여 용도지수를 적용한다고 규정하고 있고[골프장 내 건축물이 사무실, 휴게시설, 매점 등으로 사용되는 경우 용도지수는 현재 사용되는 각각의 용도를 기준으로 하여 적용하여야 한다(행정안전부 세정 13407-198, 2002.3.4.)],

한편, 「건물 시가표준액 조정기준」 상 용도지수 적용대상 건물에서 규정하는 생산시설로서의 창고는 「건축법」 규정에 따른 용도별 건축물의 종류에 따라 건축물대장 등 공부상에도 용도가 '창고'로 등재되어 있고, 특정 용도의 범위 안에 포함되지 아니하며 사실상

물품보관용으로 사용되는 등 해당 건물이 독립되어 일반적 창고의 역할인 물품보관 등의 기능을 하고 있어야 할 것으로 보인다.

따라서, 위 질의대상 건물의 경우에는 건축물 대장상 주용도가 운동시설(공구창고)로 등재되어 있다는 점, 「건물 시가표준액 조정기준」 상 체육시설인 골프장이라는 범위 안에 있다는 점, 1동의 건물 중 일부만을 창고로 사용하고 있다는 점 등을 종합적으로 고려해 볼 때 「건물 시가표준액 조정기준」 상 생산시설(80)로 보기보다는 골프장에 부속된 시설로서 체육시설(125)로 보아 용도지수를 적용하는 것이 타당하다고 판단된다. 다만, 이에 대한 구체적인 내용은 과세관청에서 판단 바람. 끝.

4) 재산세 용도지수 적용에 관한 질의(지방세정팀-3425, 2007.08.24.)

① [답변요지]

1. 1층은 동일하게 판매장으로, 2층은 사무실이나 임대한 사무실로 각각 사용할 경우 적용할 용도지수는 1층 판매장이 대규모 점포시설이라면 대규모 점포시설 용도지수 135를 적용하고, 일반적인 판매장이라면 근린생활 용도지수 125를 적용하고, 2층의 사무실에 대해서는 사무실 용도지수 125를 적용함.

2. 1층은 판매장으로, 2층은 물품보관 장소로 사용하는 경우에는 2층의 물품보관 장소를 일반상가와 같은 용도로 보아 1층 판매장과 동일한 용도지수를 적용함.

② [회신내용]

1. 평소 지방세정 운영에 협조하여 주심에 감사드리며, 귀하께서

2007.8.13. 자로 우리부에 질의한 사항에 대한 회신.

2. 질의내용

① 1층은 판매장으로 사용하고 2층은 사무실로 사용하는 경우 용도지수 적용은

② 1층은 판매장으로 사용하고 2층은 물품보관 장소로 사용하는 경우 용도지수 적용은

③ 1층은 판매장으로 사용하고 2층은 임대하여 사무실로 사용하는 경우 용도지수 적용은

3. 답변내용

가. 「2007년도 건물 및 기타물건시가표준액 조정기준」 2. 적용지수 나. 용도지수 〈적용요령〉은 1구 또는 1동의 건축물이 2 이상의 용도에 사용되는 경우에는 각각의 용도대로 구분한다. 다만, 공용부분은 전용면적 비율로 안분하되, 안분할 수 없는 부분은 사용 면적이 제일 큰 용도의 건물에 부속된 것으로 보도록 규정하고 있다.

나. 귀문 1,3의 경우 1층 판매장이 대규모 점포시설(유통산업발전법 시행령 제3조에 의한)에 해당하면 대규모 점포시설 용도지수(135)를 적용하고, 일반적인 판매장에 해당하면 근린생활 용도지수(125)를 적용하도록 하고 있으며, 2층의 사무실에 대하여는 사무실 용도지수(125)를 적용해야 한다.

다. 귀문 2의 경우에 있어 2층의 물품보관 장소는 일반상가와 같은 용도로 보아 1층 판매장과 동일하게 용도지수를 적용해야 할 것으로 사료됨.

※ 추가로 문의하실 사항이 있는 경우에는 ○○○(**-****-****)에게 연락을 주시면 자세히 답변하여 드리겠습니다. 끝.

5) 집합건물의 공용부분인 주차장 용도지수 적용관련 질의 회신(지방세운영과-735, 2013.03.15.)

① [답변요지]

여러 가지 용도로 사용되고 있는 집합건축물의 공용부분이라도 시가표준액 조정기준에 그 용도지수가 별도로 규정되어 있지 않은 계단, 복도, 승강시설 등과 달리 그 용도가 명확하게 구분되어 주차장으로 명시된 경우는 차량관련시설 용도지수 80을 적용(행자부 세정 13407-1210, 2002.12.2. 유권해석 참고)함이 타당함.

1. 귀 도 세정과-4013('13. 2.14)호와 관련

2. 질의내용

집합건물(근린생활시설)의 공용부분인 주차장의 용도지수를 전용부분의 용도인 근린생활시설로 보아 125로 적용하는지, 차량관련시설(주차시설)로 보아 80으로 적용하는지 여부

3. 회신내용

여러 가지 용도로 사용되고 있는 집합건축물의 공용부분이라도 시가표준액 조정기준에 그 용도지수가 별도로 규정되어 있지 않은 계단, 복도, 승강시설 등과 달리 그 용도가 명확하게 구분되어 주차장으로 명시된 경우는 차량관련시설 용도지수 80을 적용(행자부 세정 13407-1210, 2002.12.2. 유권해석 참고)함이 타당하다고 판단됨. 끝.

6) 재산세(건물) 시가표준액 산출 시의 적용지수 중 용도지수 적용 등에 대한 질의(지방세정팀-1029, 2007.04.04.)

[관계 법령]

「지방세법 시행규칙」 제72조

① [답변요지]

건물시가표준액 조정기준 가. 적용지수 나. 용도지수 〈적용요령〉 1구 또는 1동의 건축물이 2 이상의 용도에 사용되는 경우에는 각각의 용도대로 구분한다. 다만, 공용부분은 전용면적 비율로 안분하되, 안분할 수 없는 부분은 사용면적이 제일 큰 용도의 건물에 부속된 것으로 보도록 규정하고 있으므로 건축물 시가표준액 산정 시에는 동일한 공장 구내에 건축물이 위치하고 있다 해도 개별건물의 용도를 각각 구분하여 용도지수를 적용함.

1. 평소 지방세정 운영에 협조하여 주신 데 대하여 감사드리며 2007. 3. 23. 자로 우리 부에 접수된 질의 사항에 대한 회신.

2. (질의내용)

「지방세법 시행규칙」 제72조에 규정된 공장용건축물(사무실 식당, 기숙사등)의 시가표준액 산정 시 공장 구내의 모든 건축물을 개별 건물(사무실, 기숙사등)의 용도에 상관없이 공장으로 간주하여 용도지수를 적용하여야 하는지, 개별건물별 용도를 구분하여 용도지수를 적용하여야 하는지 여부

3. (회신내용)

건물시가표준액 조정기준 2. 적용지수 나. 용도지수 〈적용요령〉

1) 1구 또는 1동의 건축물이 2 이상의 용도에 사용되는 경우에는 각각의 용도대로 구분한다. 다만, 공용부분은 전용면적 비율로 안분하되, 안분할 수 없는 부분은 사용면적이 제일 큰 용도의 건물에 부속된 것으로 보도록 규정하고 있으므로 건축물 시가표준액 산정 시에는 동일한 공장 구내에 건축물이 위치하고 있다 하더라도 개별 건물의 용도를 각각 구분하여 용도지수를 적용하여야 한다고 판단됨. 끝.

7) 도매업자의 판매물품 보관창고 시가표준액 적용에 대한 질의

회신(지방세운영과-5970, 2010.12.21.)

① [답변요지]

건물이 건축물대장상 주용도가 "창고"로 등재되어 있고 1개의 건물동을 사실상 "물품보관용"으로 사용하고 있다면 창고의 용도지수를 적용함이 타당하나, 이에 해당하는지 여부는 과세권자가 구체적인 사실을 조사하여 판단하여야 함.

1. 대구광역시 세정담당관-13963('10.12.6.)호와 관련.

2. (질의요지)

도매업 및 주류판매업 허가를 받은 하이트맥주㈜ 직매장의 맥주보관창고의 과표산정을 위해 용도지수 적용 시 생산시설 창고(용도지수 80)와 판매시설(용도지수 125) 중 적용하여야 할 용도지수는

3. (회신내용)

가. 건물의 시가표준액 산정 시 "건물의 시가표준액 조정기준"에서 용도지수의 적용대상 건물에 특별히 규정하는 것을 제외하

고는 건축법 규정에 따른 용도별 건축물의 종류에 따라 건축물대장 등 공부상 기재된 용도에 의하되, 사실상의 용도와 공부상의 용도가 다른 경우에는 사실상의 용도에 따라야 하는 바,

나. 건물이 건축물대장상 주용도가 "창고"로 등재되어 있고 1개의 건물동을 사실상 "물품보관용"으로 사용하고 있다면 창고(80)의 용도지수를 적용함이 타당한 것으로 사료되며,

다. 이에 해당하는지 여부는 과세권자가 구체적인 사실을 조사하여 판단할 사항임. 끝.

8) 건물의 재산세 과세표준 산정(세정 13407-692, 2000.06.02.)

① [질의요지]

「지방세법」제187조에 의하면 건물의 과세표준은 건물의 연면적에 건물의 구조, 용도, 위치 등을 고려한 시가표준액으로 되어있고, 실내수영장의 재산세 과세표준은 옥내/옥외를 불문하고 수영장의 면적에 수심을 고려한 시가표준액으로 되어있는바, 옥내에 수영장이 있는 건물의 재산세 과세표준 산정은 어떻게 하는지

② [회신내용]

실내수영장이 있는 건물의 재산세 과세표준 산정은 수영장은 건물의 종물이므로 별도 구분 없이 건물로 보아 과세표준을 산정하되, 실내수영장 부분에 대하여는 용도지수를 달리 적용하여야 하는 것임.

9) 허가 및 준공자와 대금 지급자가 다른 경우 신축에 따른 취득세 납세의무자(지방세운영과-811, 2015.03.11.)

① [질의요지]

종교시설용 건축물을 취득하는 과정에서 건축비용은 종교단체가 국고보조금을 지원받아 제공하였으나, 건축편의상 종교단체의 대표자 개인명의로 건축허가 및 준공을 받은 경우 해당 건축물에 대한 원시취득에 따른 취득세 납세의무자를 종교단체와 대표자(개인) 중 누구로 보아야 하는지 여부

② [회신내용]

「지방세법」 제7조 제1항에서 취득세는 부동산, 차량, 기계장비, 항공기, 선박, 입목, 광업권, 어업권, 골프회원권, 승마회원권, 콘도미니엄 회원권, 종합체육시설 이용회원권 또는 요트회원권을 취득한 자에게 부과한다고 규정하고 있고, 같은 조 제2항에서는 부동산등의 취득은 「민법」, 「자동차관리법」, 「건설기계관리법」, 「항공법」, 「선박법」, 「입목에 관한 법률」, 「광업법」 또는 「수산업법」등 관계 법령에 따른 등기·등록 등을 하지 아니한 경우라도 사실상 취득하면 각각 취득한 것으로 보고 해당 취득물건의 소유자 또는 양수인을 각각 취득자로 한다고 규정하고 있음.

건축허가서는 허가된 건물에 관한 실체적 권리의 득실변경의 공시방법이 아니며 추정력도 없어 건축물 대장상 건축주로 기재된 자가 건물의 소유권을 취득하는 것이 아니므로, 자기의 비용과 노력으로 건축물을 신축한 자가 건축허가 명의와 관계없이 소유권을 원시적으로 취득하는 점(대법원 2002.4.26. 2000다16350 판결 등 참조), 편의

상 제삼자 명의로 건축허가와 준공검사를 받았다고 하더라도 건축자금을 제공한 자가 원시취득에 따른 취득세 납세의무를 지게 되는 점(대법원 1994.6.24. 1993누18839 판결 등 참조), 건축자금을 제공한 자가 원시취득에 따른 취득세 납세의무를 지는 것과 별개로 제삼자의 명의로 등기를 한 경우에는 새로운 취득세 납세의무가 성립된다고 볼 수도 있는 점, 「부동산등기법」 제65조에 따르면 건축물대장상 최초 소유자 이외 확정판결, 지자체장 확인 등에 의하여 소유권이 증명되는 자도 소유권보전등기가 가능하다는 점, 대금지급과 같은 소유권 취득의 실질적 요건 또는 등기와 같은 소유권 이전의 형식적 요건도 갖추지 못한 경우에는 취득세 납세의무가 성립되지 않는 점(대법원 2003.10.23. 2002두5115 판결, 대법원 2014.3.27. 2009두12501 판결 등 참조) 등을 종합적으로 고려해 볼 때,

처음부터 종교용 건축물을 종교단체로 귀속시킬 목적이었고 종교단체가 건축자금을 제공하였다면 종교단체를 해당 건축물의 원시취득자로 보는 것이 타당하고, 건축편의상 종교단체 대표자 개인명의로 건축허가 및 사용승인을 받았다고 하더라도 개인명의로 등기가 이루어지지 아니한 이상 개인에게는 취득세 납세의무가 성립되지 않는다고 보는 것이 타당하다고 할 것임.

10) 건물 시가표준액 조정기준 구조지수 관련 회신(지방세운영과-4749, 2011.10.08.)

① [답변요지]

같은 철골조로 지어진 건물이라 하더라도 건물 벽면이 조립식패널이나 시멘트 블록인 경우 콘크리트 등 다른 구성 물질로 되어 있을 때보다 내구성·강도·사용성 등이 떨어지기 때문에 재산으로서의 가치가 낮아 일반 철골조 구조물보다 구조지수를 하향하여 적용한다. 건물구조는 주된 재료와 기둥 등에 의하여 분류하므로, 건물 벽면의 주된 구조 역시 벽면을 구성하는 주된 재료를 기준으로 판단하여야 함.

1. 경기도 세정과-21129(2011.9.9)호와 관련

2. (질의요지)

(현행) 건물의 시가표준액 산정시 철골조 건물의 구조지수는 100, 다만 철골조 건물 벽면의 주된 구조가 조립식패널인 경우는 60, 시멘트 블록은 70, 내부마감공사가 된 경우 80을 적용

(질의) 건물의 구조가 철골조이면서 벽면이 조립식 패널, 유리 등이 혼합되어 있는 경우 건물 벽면의 주된 구조에 대한 판단 여부

3. (회신내용)

가. 같은 철골조로 지어진 건물이라 하더라도 건물 벽면이 조립식 패널이나 시멘트 블록인 경우 콘크리트 등 다른 구성 물질로 되어 있을 때보다 내구성·강도·사용성 등이 떨어지기 때문에 재산으로서의 가치가 낮아 일반 철골조 구조물보다 구조지수를 하향하여 적용함.

나. 건물구조는 주된 재료와 기둥 등에 의하여 분류하고 있으므로, 건물 벽면의 주된 구조 역시 벽면을 구성하는 주된 재료를 기준으로 판단해야 함.
다. 여기서 주된 재료라 함은, 건축물 벽면 전체 면적 중 가장 큰 면적을 차지하는 재료를 주된 구조로 보아야 할 것이며, 이에 해당하는지는 과세권자가 구체적 사실관계 및 관련 자료를 확인하여 결정할 사항임. 끝.

11) 건물시가표준액 산정에 관한 질의회신
(지방세정팀-6423, 2006.12.22.)

[관계법령]
구 「지방세법」 제111조

① [답변요지]
건물의 신축가격에 구조, 용도, 위치지수를 적용하여 시가표준액을 산출함에 있어 철골조 건물 벽면의 주된 구조가 조립식 패널 구조일 경우는 구조지수 80을 적용하여 경감하는 것이 타당하다.

가. 「지방세법」 제111조 제2항 제2호 및 같은 법 시행령 제80조 제1항 제1호에서 「소득세법」 제99조 제1항 제1호 나목의 규정에 의하여 산정·고시하는 건물 신축가격 기준액에 건물의 구조별·용도별·위치별 지수, 건물의 경과연수별 잔존가치율, 건물의 규모·형태·특수한 부대설비 등의 유무 및 기타 여건에 따른 가감산율을 고려하여 건축물의 시가표준액을 결정한다고 규정하

고 있음.

나. 귀문의 경우, 쟁점 건축물에 대하여 과세관청에서 470천 원의 건물 신축가격 기준액에 구조지수(철골조: 100), 용도지수(창고: 80), 위치지수(345천 원: 92)를 적용하여 ㎡당 345천 원에 해당하는 시가표준액을 산출하고 있으나, 2006년 건물시가표준액 조정기준에서 구조지수를 적용함에 있어 철골조 건물 벽면의 주된 구조가 조립식 패널 구조인 경우에는 구조지수 80을 적용하도록 되어 있으므로, 귀문 쟁점 건축물 벽면 구조가 조립식 패널 구조인 경우라면 ㎡당 가액을 345천 원(평당 1,140천 원)에서 276천 원(평당 912천 원)으로 변경하여 시가표준액을 산정하는 것이 타당하다고 사료되며

다. 시가표준액은 재산의 객관적인 가치, 즉 시가를 적절히 반영하여야 할 것이나 시가는 객관적으로 항정되어 있는 것이 아니라 그때그때의 수급사정에 따라 변동하고 있어 시가와 시가표준액이 언제나 일치할 것을 기대할 수는 없고 양자 간에 어느 정도의 괴리는 불가피한 것이므로, 시가표준액이 위 지방세법령에서 정하고 있는 절차에 따라 적법하게 산정되었고 시가표준액이 시가를 적절히 반영하는 한 신고가액이 시가표준액에 미달하는 때에는 시가표준액을 과세표준으로 적용하는 것이 타당하다고 할 것임.

라. 다만, 실제거래가격 또는 전문 감정평가기관의 조사가격을 감안할 때 시가표준액이 시가보다 현저히 높아 불합리하다고 시장·군수·구청장이 인정하는 경우에는 우리부에서 통보한 건물

시가표준액 자체조정기준(지방세정팀-107. 2006.1.10.)에 따라 시가표준액을 재산정하여 과표로 적용할 수 있도록 하고 있으므로, 쟁점 건축물에 대하여 구조지수를 새로이 적용(㎡당 가액 345천 원→276천 원)하여 산출된 시가표준액의 경우에도 현저히 불합리하다고 판단하시는 경우에는 해당 과세관청에 관련 증빙자료를 첨부하여 시가표준액의 조정을 요청해 보시는 것이 합리적이라 사료됨(신고납부일로부터 90일 이내에 이의신청을 통해 정식 불복절차를 제기할 수도 있음을 알려드림).

12) 건축물 구조지수 적용에 대한 질의 회신
(지방세운영과-3996, 2011.08.24.)

① [답변요지]

조립식 패널은 살이 얇은 형강 사이에 단열재인 폴리스텐폼을 넣어 만든 것으로 규정하고 있다. 따라서 철골조 건물벽면의 주된 구조가 칼라강판으로 되어있는 경우, 그 칼라강판이 형강 사이에 단열재를 넣어 만든 것인지 여부에 따라 다음과 같이 적용하지만, 실제적용은 과세권자가 구체적 사실관계 및 관련 자료를 확인하여 결정함.
- 형강 사이에 단열재를 넣어 만든 경우: 구조지수 60
- 단순히 강판에 도료나 필름을 부착한 경우: 구조지수 100
1. 전라남도 세무회계과-26484(2011.8.10)호와 관련
2. (질의요지)

건축물 구조가 일반철골구조이고 벽면의 주된 구조가 칼라강판

으로 되어 있는 경우 건축물 구조지수의 적용

3. (회신내용)

가. 「2011년도 건물 및 구분지상권 시가표준액 조정기준」에서 조립식 패널은 살이 얇은 형강(압연해서 만든 단면이 ㄴ, ㄷ, H, I, 원주형 등의 일정한 모양을 이루고 있는 구조용 강철재) 사이에 단열재인 폴리스텐폼을 넣어 만든 것으로 규정하고 있음

나. 따라서 철골조 건물벽면의 주된 구조가 칼라강판으로 되어 있는 경우, 그 칼라강판이 형강 사이에 단열재를 넣어 만든 것인지에 따라 다음과 같이 적용해야 할 것으로 판단되지만, 실제적용은 과세권자가 구체적 사실관계 및 관련 자료를 확인하여 결정할 사항임.

- 형강 사이에 단열재를 넣어 만든 경우: 구조지수 60
- 단순히 강판에 도료나 필름을 부착한 경우: 구조지수 100. 끝.

제5장

골프장 관련 재산세 법령

1. 「지방세법」

제106조(과세대상의 구분 등)

① 토지에 대한 재산세 과세대상은 다음 각 호에 따라 종합합산과세대상, 별도합산과세대상 및 분리과세대상으로 구분한다.

1. 종합합산과세대상: 과세기준일 현재 납세의무자가 소유하고 있는 토지 중 별도합산과세대상 또는 분리과세대상이 되는 토지를 제외한 토지. 다만, 다음 각 목의 어느 하나에 해당하는 토지는 종합합산과세대상으로 보지 아니한다.

   가. 이 법 또는 관계 법령에 따라 재산세가 비과세되거나 면제되는 토지

   나. 이 법 또는 다른 법령에 따라 재산세가 경감되는 토지의 경감비율에 해당하는 토지

2. 별도합산과세대상: 과세기준일 현재 납세의무자가 소유하고 있는 토지 중 다음 각 목의 어느 하나에 해당하는 토지. 다만, 제1호 가목 및 나목에 따른 토지는 별도합산과세대상으로 보지 아니한다.

   가. 공장용 건축물의 부속토지 등 대통령령으로 정하는 건축물의 부속토지

   나. 차고용 토지, 보세창고용 토지, 시험·연구·검사용 토지, 물류단지시설용 토지 등 공지상태空地狀態나 해당 토지의 이용에 필요한 시설 등을 설치하여 업무 또는 경제활동에 활용되는 토지로서 대통령령으로 정하는 토지

다. 철거·멸실된 건축물 또는 주택의 부속토지로서 대통령령으로 정하는 부속토지

3. 분리과세대상: 과세기준일 현재 납세의무자가 소유하고 있는 토지 중 다음 각 목의 어느 하나에 해당하는 토지

가. 공장용지·전·답·과수원 및 목장용지로서 대통령령으로 정하는 토지

나. 산림의 보호육성을 위하여 필요한 임야 및 종중 소유 임야로서 대통령령으로 정하는 임야

다. 제13조 제5항에 따른 골프장(같은 항 각 호 외의 부분 후단은 적용하지 아니한다)용 토지와 같은 항에 따른 고급오락장용 토지로서 대통령령으로 정하는 토지

라. 「산업집적활성화 및 공장설립에 관한 법률」 제2조 제1호에 따른 공장의 부속토지로서 개발제한구역의 지정이 있기 이전에 그 부지취득이 완료된 곳으로서 대통령령으로 정하는 토지

마. 국가 및 지방자치단체 지원을 위한 특정목적 사업용 토지로서 대통령령으로 정하는 토지

바. 에너지·자원의 공급 및 방송·통신·교통 등의 기반시설용 토지로서 대통령령으로 정하는 토지

사. 국토의 효율적 이용을 위한 개발사업용 토지로서 대통령령으로 정하는 토지

아. 그 밖에 지역경제의 발전, 공익성의 정도 등을 고려하여 분리과세하여야 할 타당한 이유가 있는 토지로서 대통령령으로 정하는 토지

② 주거용과 주거 외의 용도를 겸하는 건물에서 주택의 범위를 구분하는 방법, 주택 부속토지의 범위 산정은 다음 각 호에서 정하는 바에 따른다.

1. 1동棟의 건물이 주거와 주거 외의 용도로 사용되고 있는 경우에는 주거용으로 사용되는 부분만을 주택으로 본다. 이 경우 건물의 부속토지는 주거와 주거 외의 용도로 사용되는 건물의 면적비율에 따라 각각 안분하여 주택의 부속토지와 건축물의 부속토지로 구분한다.

2. 1구構의 건물이 주거와 주거 외의 용도로 사용되고 있는 경우에는 주거용으로 사용되는 면적이 전체의 100분의 50 이상인 경우에는 주택으로 본다.

3. 주택 부속토지의 경계가 명백하지 아니한 경우 주택 부속토지의 범위 산정에 필요한 사항은 대통령령으로 정한다.

③ 「신탁법」에 따른 신탁재산에 속하는 종합합산과세대상 토지 및 별도합산과세대상 토지의 합산 방법은 다음 각 호에 따른다.

1. 신탁재산에 속하는 토지는 수탁자의 고유재산에 속하는 토지와 서로 합산하지 아니한다.

2. 위탁자별로 구분되는 신탁재산에 속하는 토지의 경우 위탁자별로 각각 합산하여야 한다.

2. 「지방세법 시행령」

제101조(별도합산과세대상 토지의 범위)

① 법 제106조 제1항 제2호 가목에서 "공장용 건축물의 부속토지 등 대통령령으로 정하는 건축물의 부속토지"란 다음 각 호의 어느 하나에 해당하는 건축물의 부속토지를 말한다. 다만, 「건축법」 등 관계 법령에 따라 허가 등을 받아야 할 건축물로서 허가 등을 받지 아니한 건축물 또는 사용승인을 받아야 할 건축물로서 사용승인(임시사용승인을 포함한다)을 받지 아니하고 사용 중인 건축물의 부속토지는 제외한다. <개정 2010.12.30.>

 1. 특별시지역, 광역시지역 및 시지역(다음 각 목의 어느 하나에 해당하는 지역은 제외한다)의 공장용 건축물의 부속토지로서 공장용 건축물의 바닥면적(건축물 외의 시설의 경우에는 그 수평투영면적을 말한다)에 제2항에 따른 용도지역별 적용배율을 곱하여 산정한 범위의 토지

  가. 읍·면지역

  나. 「산업입지 및 개발에 관한 법률」에 따라 지정된 산업단지

  다. 「국토의 계획 및 이용에 관한 법률」에 따라 지정된 공업지역

 2. 건축물(제1호에 따른 공장용 건축물은 제외한다)의 부속토지 중 다음 각 목의 어느 하나에 해당하는 건축물의 부속토지를 제외한 건축물의 부속토지로서 건축물의 바닥면적(건축물 외의 시설의 경우에는 그 수평투영면적을 말한다)에 제2항에 따른 용도지역별 적용배율을 곱하여 산정한 면적 범위의 토지

가. 법 제106조 제1항 제3호 다목에 따른 토지 안의 건축물의 부속토지

나. 건축물의 시가표준액이 해당 부속토지의 시가표준액의 100분의 2에 미달하는 건축물의 부속토지 중 그 건축물의 바닥면적을 제외한 부속토지

② 제1항에 적용할 용도지역별 적용배율은 다음과 같다.

③ 법 제106조 제1항 제2호 나목에서 "대통령령으로 정하는 토지"란 다음 각 호의 어느 하나에 해당하는 토지를 말한다.

1. 「여객자동차 운수사업법」 또는 「화물자동차 운수사업법」에 따라 여객자동차운송사업 또는 화물자동차 운송사업의 면허·등록 또는 자동차대여사업의 등록을 받은 자가 그 면허·등록조건에 따라 사용하는 차고용 토지로서 자동차운송 또는 대여사업의 최저보유 차고면적기준의 1.5배에 해당하는 면적 이내의 토지

2. 「건설기계관리법」에 따라 건설기계사업의 등록을 한 자가 그 등록조건에 따라 사용하는 건설기계대여업, 건설기계정비업, 건설기계매매업 또는 건설기계폐기업의 등록기준에 맞는 주기장 또는 옥외작업장용 토지로서 그 시설의 최저면적기준의 1.5배에 해당하는 면적 이내의 토지

3. 「도로교통법」에 따라 등록된 자동차운전학원의 자동차운전학원용 토지로서 같은 법에서 정하는 시설을 갖춘 구역 안의 토지

4. 「항만법」에 따라 해양수산부장관 또는 시·도지사가 지정하거나 고시한 야적장 및 컨테이너 장치장용 토지와, 「관세법」에 따라 세관장의 특허를 받는 특허보세구역 중 보세창고용 토지로서 해당 사업

연도 및 직전 2개 사업연도 중 물품 등의 보관·관리에 사용된 최대 면적의 1.2배 이내의 토지

5. 「자동차관리법」에 따라 자동차관리사업의 등록을 한 자가 그 시설기준에 따라 사용하는 자동차관리사업용 토지(자동차정비사업장용, 자동차해체재활용사업장용, 자동차매매사업장용 또는 자동차경매장용 토지만 해당한다)로서 그 시설의 최저면적기준의 1.5배에 해당하는 면적 이내의 토지

6. 「교통안전공단법」에 따라 설립된 교통안전공단이 같은 법 제6조 제6호에 따른 자동차의 성능 및 안전도에 관한 시험·연구의 용도로 사용하는 토지 및 「자동차관리법」 제44조에 따라 자동차검사대행자로 지정된 자, 같은 법 제44조의 2에 따라 자동차 종합검사대행자로 지정된 자, 같은 법 제45조에 따라 지정정비사업자로 지정된 자 및 제45조의 2에 따라 종합검사 지정정비사업자로 지정된 자, 「건설기계관리법」 제14조에 따라 건설기계 검사대행 업무의 지정을 받은 자 및 「대기환경보전법」 제64조에 따라 운행차 배출가스 정밀검사 업무의 지정을 받은 자가 자동차 또는 건설기계 검사용 및 운행차 배출가스 정밀검사용으로 사용하는 토지

7. 「물류시설의 개발 및 운영에 관한 법률」 제22조에 따른 물류단지 안의 토지로서 같은 법 제2조 제7호 각 목의 어느 하나에 해당하는 물류단지시설용 토지 및 「유통산업발전법」 제2조 제16호에 따른 공동집배송센터로서 행정자치부장관이 산업통상자원부장관과 협의하여 정하는 토지

8. 특별시지역, 광역시지역(군지역은 제외한다) 및 시지역(읍·면 지역은

제외한다)에 위치한 「산업집적활성화 및 공장설립에 관한 법률」의 적용을 받는 레미콘 제조업용 토지(「산업입지 및 개발에 관한 법률」에 따라 지정된 산업단지 및 「국토의 계획 및 이용에 관한 법률」에 따라 지정된 공업지역에 있는 토지는 제외한다)로서 제102조 제1항 제1호에 따른 공장입지기준면적 이내의 토지

9. 경기 및 스포츠업을 경영하기 위하여 「부가가치세법」 제8조에 따라 사업자등록을 한 자의 사업에 이용되고 있는 「체육시설의 설치·이용에 관한 법률 시행령」 제2조에 따른 체육시설용 토지로서 사실상 운동시설에 이용되고 있는 토지(「체육시설의 설치·이용에 관한 법률」에 따른 회원제 골프장용 토지 안의 운동시설용 토지는 제외한다)

10. 「관광진흥법」에 따른 관광사업자가 「박물관 및 미술관 진흥법」에 따른 시설기준을 갖추어 설치한 박물관·미술관·동물원·식물원의 야외전시장용 토지

11. 「주차장법 시행령」 제6조에 따른 부설주차장 설치기준면적 이내의 토지(법 제106조 제1항 제3호 다목에 따른 토지 안의 부설주차장은 제외한다). 다만, 「관광진흥법 시행령」 제2조 제1항 제3호 가목·나목에 따른 전문휴양업·종합휴양업 및 같은 항 제5호에 따른 유원시설업에 해당하는 시설의 부설주차장으로써 「도시교통정비 촉진법」 제15조 및 제17조에 따른 교통영향평가서의 심의 결과에 따라 설치된 주차장의 경우에는 해당 검토 결과에 규정된 범위 이내의 주차장용 토지를 말한다.

12. 「장사 등에 관한 법률」 제14조 제3항에 따른 설치·관리허가를 받은 법인묘지용 토지로서 지적공부상 지목이 묘지인 토지

13. 다음 각 목에 규정된 임야. 다만, 「체육시설의 설치·이용에 관한 법률」에 따른 회원제 골프장용 토지의 임야는 제외한다.

　가. 「체육시설의 설치·이용에 관한 법률 시행령」 제12조에 따른 스키장 및 골프장용 토지 중 원형이 보전되는 임야

　나. 「관광진흥법」 제2조 제7호에 따른 관광단지 안의 토지와 「관광진흥법 시행령」 제2조 제1항 제3호 가목·나목 및 같은 항 제5호에 따른 전문휴양업·종합휴양업 및 유원시설업용 토지 중 「환경영향평가법」 제22조 및 제27조에 따른 환경영향평가의 협의 결과에 따라 원형이 보전되는 임야

　다. 「산지관리법」 제4조 제1항 제2호에 따른 준보전산지에 있는 토지 중 「산림자원의 조성 및 관리에 관한 법률」 제13조에 따른 산림경영계획의 인가를 받아 실행 중인 임야. 다만, 도시지역의 임야는 제외한다.

14. 「종자산업법」 제37조 제1항에 따라 종자업 등록을 한 종자업자가 소유하는 농지로서 종자연구 및 생산에 직접 이용되고 있는 시험·연구·실습지 또는 종자생산용 토지

15. 「수산업법」에 따라 면허·허가를 받은 자, 「내수면어업법」에 따라 면허·허가를 받거나 신고를 한 자 또는 「수산종자산업육성법」에 따라 수산종자생산업의 허가를 받은 자가 소유하는 토지로서 양식어업 또는 수산종자생산업에 직접 이용되고 있는 토지

16. 「도로교통법」에 따라 견인된 차를 보관하는 토지로서 같은 법에서 정하는 시설을 갖춘 토지

17. 「폐기물관리법」 제25조 제3항에 따라 폐기물 최종처리업 또는

폐기물 종합처리업의 허가를 받은 자가 소유하는 토지 중 폐기물 매립용에 직접 사용되고 있는 토지

제102조(분리과세대상 토지의 범위)

① 법 제106조 제1항 제3호 가목에서 "대통령령으로 정하는 토지"란 다음 각 호에서 정하는 것을 말한다.

1. 공장용지: 제101조 제1항 제1호 각 목에서 정하는 지역에 있는 공장용 건축물의 부속토지(건축 중인 경우를 포함하되, 과세기준일 현재 건축기간이 지났거나 정당한 사유 없이 6개월 이상 공사가 중단된 경우는 제외한다)로서 행정자치부령으로 정하는 공장입지기준면적 범위의 토지

2. 전·답·과수원

가. 전·답·과수원(이하 이 조에서 "농지"라 한다)으로서 과세기준일 현재 실제 영농에 사용되고 있는 개인이 소유하는 농지. 다만, 특별시지역, 광역시지역(군지역은 제외한다) 및 시지역(읍·면지역은 제외한다)의 도시지역의 농지는 개발제한구역과 녹지지역(「국토의 계획 및 이용에 관한 법률」 제6조 제1호에 따른 도시지역 중 같은 법 제36조 제1항 제1호 각 목의 구분에 따른 세부 용도지역이 지정되지 않은 지역을 포함한다. 이하 이 항에서 같다)에 있는 것으로 한정한다.

나. 「농지법」 제2조 제3호에 따른 농업법인이 소유하는 농지로서 과세기준일 현재 실제 영농에 사용되고 있는 농지. 다만, 특별시지역, 광역시지역(군지역은 제외한다) 및 시지역(읍·면 지역은 제외한다)의 도시지역의 농지는 개발제한구역과 녹지지역에 있는 것으로 한정한다.

다. 「한국농어촌공사 및 농지관리기금법」에 따라 설립된 한국농어촌공사가 같은 법에 따라 농가에 공급하기 위하여 소유하는 농지

라. 관계 법령에 따른 사회복지사업자가 복지시설이 소비목적으로 사용할 수 있도록 하기 위하여 소유하는 농지

마. 법인이 매립·간척으로 취득한 농지로서, 과세기준일 현재 실제 영농에 사용되고 있는 해당 법인 소유농지. 다만, 특별시지역, 광역시지역(군지역은 제외한다) 및 시지역(읍·면 지역은 제외한다)의 도시지역의 농지는 개발제한구역과 녹지지역에 있는 것으로 한정한다.

바. 종중宗中이 소유하는 농지

3. 목장용지: 개인이나 법인이 축산용으로 사용하는 도시지역 안의 개발제한구역·녹지지역과 도시지역 밖의 목장용지로서 과세기준일이 속하는 해의 직전 연도를 기준으로 다음 표에서 정하는 축산용 토지 및 건축물의 기준을 적용하여 계산한 토지면적의 범위에서 소유하는 토지 〈축산용 토지 및 건축물의 기준〉

② 법 제106조 제1항 제3호 나목에서 "대통령령으로 정하는 임야"란 다음 각 호에서 정하는 임야를 말한다.

1. 「산림자원의 조성 및 관리에 관한 법률」 제28조에 따라 특수산림사업지구로 지정된 임야 「산지관리법」 제4조 제1항 제1호에 따른 보전산지에 있는 임야로서 「산림자원의 조성 및 관리에 관한 법률」 제13조에 따른 산림경영계획의 인가를 받아 실행 중인 임야. 다만, 도시지역의 임야는 제외하되, 도시지역으로 편입된 날부터 2년이 지

나지 아니한 임야 「국토의 계획 및 이용에 관한 법률 시행령」 제30조에 따른 보전녹지지역(「국토의 계획 및 이용에 관한 법률」 제6조 제1호에 따른 도시지역 중 같은 법 제36조 제1항 제1호 각 목의 구분에 따른 세부 용도지역이 지정되지 않은 지역을 포함한다)의 임야로서 「산림자원의 조성 및 관리에 관한 법률」 제13조에 따른 산림경영계획의 인가를 받아 실행 중인 임야를 포함한다.

2. 「문화재보호법」 제2조 제2항에 따른 지정문화재 및 같은 조 제4항에 따른 보호구역 안의 임야

3. 「자연공원법」에 따라 지정된 공원자연환경지구의 임야

4. 종중이 소유하고 있는 임야

5. 다음 각 목의 어느 하나에 해당하는 임야

가. 「개발제한구역의 지정 및 관리에 관한 특별조치법」에 따른 개발제한구역의 임야

나. 「군사기지 및 군사시설 보호법」에 따른 군사기지 및 군사시설 보호구역 중 제한보호구역의 임야 및 그 제한보호구역에서 해제된 날부터 2년이 지나지 아니한 임야

다. 「도로법」에 따라 지정된 접도구역의 임야

라. 「철도안전법」 제45조에 따른 철도보호지구의 임야

마. 「도시공원 및 녹지 등에 관한 법률」 제2조 제3호에 따른 도시공원의 임야

바. 「국토의 계획 및 이용에 관한 법률」 제38조의2에 따른 도시자연공원구역의 임야

사. 「하천법」 제12조에 따라 홍수관리구역으로 고시된 지역의 임야

6. 「수도법」에 따른 상수원보호구역의 임야

③ 법 제106조 제1항 제3호 다목에서 "대통령령으로 정하는 토지"란 법 제13조 제5항 제4호에 따른 고급오락장의 부속토지를 말한다.

④ 법 제106조 제1항 제3호 라목에서 "대통령령으로 정하는 토지"란 제1항 제1호에서 행정자치부령으로 정하는 공장입지기준면적 범위의 토지를 말한다.

⑤ 법 제106조 제1항 제3호 마목에서 "대통령령으로 정하는 토지"란 다음 각 호에서 정하는 토지(법 제106조 제1항 제3호 다목에 따른 토지는 제외한다)를 말한다.

1. 국가나 지방자치단체가 국방상의 목적 외에는 그 사용 및 처분 등을 제한하는 공장 구내의 토지

2. 「국토의 계획 및 이용에 관한 법률」, 「도시개발법」, 「도시 및 주거환경정비법」, 「주택법」 등(이하 이 호에서 "개발사업 관계 법령"이라 한다)에 따른 개발사업의 시행자가 개발사업의 실시계획승인을 받은 토지로서 개발사업에 제공하는 토지 중 다음 각 목의 어느 하나에 해당하는 토지

    가. 개발사업 관계 법령에 따라 국가나 지방자치단체에 무상귀속되는 공공시설용 토지

    나. 개발사업의 시행자가 국가나 지방자치단체에 기부채납하기로 한 기반시설(「국토의 계획 및 이용에 관한 법률」 제2조 제6호의 기반시설을 말한다)용 토지

3. 「방위사업법」 제53조에 따라 허가받은 군용화약류시험장용 토

지(허가받은 용도 외의 다른 용도로 사용하는 부분은 제외한다)와 그 허가가 취소된 날부터 1년이 지나지 아니한 토지

4. 「한국농어촌공사 및 농지관리기금법」에 따라 설립된 한국농어촌공사가 「공공기관 지방이전에 따른 혁신도시 건설 및 지원에 관한 특별법」 제43조 제3항에 따라 국토교통부장관이 매입하게 함에 따라 타인에게 매각할 목적으로 일시적으로 취득하여 소유하는 같은 법 제2조 제6호에 따른 종전부동산

5. 「한국수자원공사법」에 따라 설립된 한국수자원공사가 「한국수자원공사법」 및 「댐건설 및 주변지역지원 등에 관한 법률」에 따라 국토교통부장관이 수립하거나 승인한 실시계획에 따라 취득한 토지로서 「댐건설 및 주변지역지원 등에 관한 법률」 제2조 제1호에 따른 특정용도 중 발전·수도·공업 및 농업 용수의 공급 또는 홍수조절용으로 직접 사용하고 있는 토지

⑥ 법 제106조 제1항 제3호 바목에서 "대통령령으로 정하는 토지"란 다음 각 호에서 정하는 토지(법 제106조 제1항 제3호 다목에 따른 토지는 제외한다)를 말한다. 이 경우 제5호 및 제7호부터 제9호까지의 토지는 같은 호에 따른 시설 및 설비공사를 진행 중인 토지를 포함한다.

1. 과세기준일 현재 계속 염전으로 실제 사용하고 있거나 계속 염전으로 사용하다가 사용을 폐지한 토지. 다만, 염전 사용을 폐지한 후 다른 용도로 사용하는 토지는 제외한다.

2. 「광업법」에 따라 광업권이 설정된 광구의 토지로서 산업통상자원부장관으로부터 채굴계획 인가를 받은 토지(채굴 외의 용도로 사

용되는 부분이 있는 경우 그 부분은 제외한다)

3. 「방송법」에 따라 설립된 한국방송공사의 소유 토지로서 같은 법 제54조 제1항 제5호에 따른 업무에 사용되는 중계시설의 부속 토지

4. 「여객자동차 운수사업법」 및 「물류시설의 개발 및 운영에 관한 법률」에 따라 면허 또는 인가를 받은 자가 계속하여 사용하는 여객자동차터미널 및 물류터미널용 토지

5. 「전기사업법」에 따른 전기사업자가 「전원개발촉진법」 제5조 제1항에 따른 전원개발사업 실시계획에 따라 취득한 토지 중 발전시설 또는 송전·변전시설에 직접 사용하고 있는 토지(「전원개발촉진법」시행 전에 취득한 토지로서 담장·철조망 등으로 구획된 경계구역 안의 발전시설 또는 송전·변전시설에 직접 사용하고 있는 토지를 포함한다)

6. 「전기통신사업법」 제5조에 따른 기간통신사업자가 기간통신역무에 제공하는 전기통신설비(「전기통신사업 회계정리 및 보고에 관한 규정」 제8조에 따른 전기통신설비를 말한다)를 설치·보전하기 위하여 직접 사용하는 토지(대통령령 제10492호 한국전기통신공사법시행령 부칙 제5조에 따라 한국전기통신공사가 1983년 12월 31일 이전에 등기 또는 등록을 마친 것만 해당한다)

7. 「집단에너지사업법」에 따라 설립된 한국지역난방공사가 열생산설비에 직접 사용하고 있는 토지

8. 「한국가스공사법」에 따라 설립된 한국가스공사가 제조한 가스의 공급을 위한 공급설비에 직접 사용하고 있는 토지

9. 「한국석유공사법」에 따라 설립된 한국석유공사가 정부의 석유

류비축계획에 따라 석유를 비축하기 위한 석유비축시설용 토지와 「석유 및 석유대체연료 사업법」 제17조에 따른 비축의무자의 석유비축시설용 토지, 「송유관 안전관리법」 제2조 제3호에 따른 송유관설치자의 석유저장 및 석유수송을 위한 송유설비에 직접 사용하고 있는 토지 및 「액화석유가스의 안전관리 및 사업법」 제20조에 따른 비축의무자의 액화석유가스 비축시설용 토지

10. 「한국철도공사법」에 따라 설립된 한국철도공사가 같은 법 제9조 제1항 제1호부터 제3호까지 및 제6호의 사업(같은 항 제6호의 경우에는 철도역사 개발사업만 해당한다)에 직접 사용하기 위하여 소유하는 철도용지

11. 「항만공사법」에 따라 설립된 항만공사가 소유하고 있는 항만시설(「항만법」 제2조 제5호에 따른 항만시설을 말한다)용 토지 중 「항만공사법」 제8조 제1항에 따른 사업에 사용하거나 사용하기 위한 토지. 다만, 「항만법」 제2조 제5호 다목부터 마목까지의 규정에 따른 시설용 토지로서 제107조에 따른 수익사업에 사용되는 부분은 제외한다.

⑦ 법 제106조 제1항 제3호 사목에서 "대통령령으로 정하는 토지"란 다음 각 호에서 정하는 토지(법 제106조 제1항 제3호 다목에 따른 토지는 제외한다)를 말한다. 다만 제9호 및 제11호에 따른 토지 중 취득일로부터 5년이 지난 토지로서 용지조성사업 또는 건축을 착공하지 아니한 토지는 제외한다. (2017.12.29. 신설)

1. 「공유수면 관리 및 매립에 관한 법률」에 따라 매립하거나 간척한 토지로서 공사준공인가일(공사준공인가일 전에 사용승낙이나 허가를 받은 경우에는 사용승낙일 또는 허가일을 말한다)부터 4년이 지나지 아니

한 토지

2. 「금융회사부실자산 등의 효율적 처리 및 한국자산관리공사의 설립에 관한 법률」제6조에 따라 설립된 한국자산관리공사 또는 「농업협동조합의 구조개선에 관한 법률」제29조에 따라 설립된 농업협동조합자산관리회사가 타인에게 매각할 목적으로 일시적으로 취득하여 소유하고 있는 토지

3. 「농어촌정비법」에 따른 농어촌정비사업 시행자가 같은 법에 따라 다른 사람에게 공급할 목적으로 소유하고 있는 토지

4. 「도시개발법」제11조에 따른 도시개발사업의 시행자가 그 도시개발사업에 제공하는 토지(주택건설용 토지와 산업단지용 토지로 한정한다)와 종전의 「토지구획정리사업법」(법률 제6252호 토지구획정리사업법폐지법률에 의하여 폐지되기 전의 것을 말한다. 이하 이 호에서 같다)에 따른 토지구획정리사업의 시행자가 그 토지구획정리사업에 제공하는 토지(주택건설용 토지와 산업단지용 토지로 한정한다) 및 「경제자유구역의 지정 및 운영에 관한 특별법」제8조의 3에 따른 경제자유구역 또는 해당 단위개발사업지구에 대한 개발사업시행자가 그 경제자유구역개발사업에 제공하는 토지(주택건설용 토지와 산업단지용 토지로 한정한다). 다만, 다음 각 목의 기간 동안만 해당한다.

　가. 도시개발사업 실시계획을 고시한 날부터 「도시개발법」에 따른 도시개발사업으로 조성된 토지가 공급 완료(매수자의 취득일을 말한다)되거나 같은 법 제51조에 따른 공사 완료 공고가 날 때까지

　나. 토지구획정리사업의 시행인가를 받은 날 또는 사업계획의 공

고일(토지구획정리사업의 시행자가 국가인 경우로 한정한다)부터 종전의 「토지구획정리사업법」에 따른 토지구획정리사업으로 조성된 토지가 공급 완료(매수자의 취득일을 말한다)되거나 같은 법 제61조에 따른 공사 완료 공고가 날 때까지

다. 경제자유구역개발사업 실시계획 승인을 고시한 날부터 「경제자유구역의 지정 및 운영에 관한 특별법」에 따른 경제자유구역개발사업으로 조성된 토지가 공급 완료(매수자의 취득일을 말한다)되거나 같은 법 제14조에 따른 준공검사를 받을 때까지

5. 「산업입지 및 개발에 관한 법률」 제16조에 따른 산업단지개발사업의 시행자가 소유하고 있는 토지로서 같은 법에 따른 산업단지개발실시계획의 승인을 받아 산업단지조성공사를 시행하고 있는 토지

6. 「산업집적활성화 및 공장설립에 관한 법률」 제45조의 9에 따라 설립된 한국산업단지공단이 타인에게 공급할 목적으로 소유하고 있는 토지(임대한 토지를 포함한다)

7. 「주택법」에 따라 주택건설사업자 등록을 한 주택건설사업자(같은 법 제11조에 따른 주택조합 및 고용자인 사업주체와 「도시 및 주거환경정비법」 제7조부터 제9조까지의 규정에 따른 사업시행자를 포함한다)가 주택을 건설하기 위하여 같은 법에 따른 사업계획의 승인을 받은 토지로서 주택건설사업에 제공되고 있는 토지(「주택법」 제2조 제11호에 따른 지역주택조합·직장주택조합이 조합원이 납부한 금전으로 매수하여 소유하고 있는 「신탁법」에 따른 신탁재산의 경우에는 사업계획의 승인을 받기 전의 토지를 포함한다)

8. 「중소기업진흥에 관한 법률」에 따라 설립된 중소기업진흥공단이 같은 법에 따라 중소기업자에게 분양하거나 임대할 목적으로 소

유하고 있는 토지

9. 「지방공기업법」 제49조에 따라 설립된 지방공사가 같은 법 제2조 제1항 제7호 및 제8호에 따른 사업용 토지로서 타인에게 주택이나 토지를 분양하거나 임대할 목적으로 소유하고 있는 토지(임대한 토지를 포함한다)

10. 「한국수자원공사법」에 따라 설립된 한국수자원공사가 소유하고 있는 토지 중 다음 각 목의 어느 하나에 해당하는 토지(임대한 토지는 제외한다)

  가. 「한국수자원공사법」 제9조 제1항 제5호에 따른 개발 토지 중 타인에게 공급할 목적으로 소유하고 있는 토지

  나. 「친수구역 활용에 관한 특별법」 제2조 제2호에 따른 친수구역 내의 토지로서 친수구역조성사업 실시계획에 따라 주택건설에 제공되는 토지 또는 친수구역조성사업 실시계획에 따라 공업지역(「국토의 계획 및 이용에 관한 법률」 제36조 제1항 제1호 다목의 공업지역을 말한다)으로 결정된 토지

11. 「한국토지주택공사법」에 따라 설립된 한국토지주택공사가 같은 법에 따라 타인에게 토지나 주택을 분양하거나 임대할 목적으로 소유하고 있는 토지(임대한 토지를 포함한다) 및 「자산유동화에 관한 법률」에 따라 설립된 유동화전문회사가 한국토지주택공사가 소유하던 토지를 자산유동화 목적으로 소유하고 있는 토지

12. 「한국토지주택공사법」에 따라 설립된 한국토지주택공사가 소유하고 있는 비축용 토지 중 다음 각 목의 어느 하나에 해당하는 토지

  가. 「공공토지의 비축에 관한 법률」 제14조 및 제15조에 따라 공

공개발용으로 비축하는 토지
나. 「한국토지주택공사법」제12조 제4항에 따라 국토교통부장관이 우선 매입하게 함에 따라 매입한 토지(「자산유동화에 관한 법률」제3조에 따른 유동화전문회사등에 양도한 후 재매입한 비축용 토지를 포함한다)
다. 「공공기관 지방이전에 따른 혁신도시 건설 및 지원에 관한 특별법」제43조 제3항에 따라 국토교통부장관이 매입하게 함에 따라 매입한 같은 법 제2조 제6호에 따른 종전부동산
라. 「부동산 거래신고 등에 관한 법률」제15조 및 제16조에 따라 매수한 토지
마. 「공익사업을 위한 토지 등의 취득 및 보상에 관한 법률」제4조에 따른 공익사업(이하 이 목 및 바목에서 "공익사업"이라 한다)을 위하여 취득하였으나 해당 공익사업의 변경 또는 폐지로 인하여 비축용으로 전환된 토지
바. 비축용 토지로 매입한 후 공익사업에 편입된 토지 및 해당 공익사업의 변경 또는 폐지로 인하여 비축용으로 다시 전환된 토지
사. 국가·지방자치단체 또는 「국가균형발전 특별법」제2조 제9호에 따른 공공기관으로부터 매입한 토지
아. 2005년 8월 31일 정부가 발표한 부동산제도 개혁방안 중 토지시장 안정정책을 수행하기 위하여 매입한 비축용 토지
자. 1997년 12월 31일 이전에 매입한 토지
⑧ 법 제106조 제1항 제3호 아목에서 "대통령령으로 정하는 토

지"란 다음 각 호에서 정하는 토지(법 제106조 제1항 제3호 다목에 따른 토지는 제외한다)를 말한다.

  1. 제22조에 따른 비영리사업자가 1995년 12월 31일 이전부터 소유하고 있는 토지

  2. 「농업협동조합법」에 따라 설립된 조합, 농협경제지주회사 및 그 자회사, 「수산업협동조합법」에 따라 설립된 조합, 「산림조합법」에 따라 설립된 조합 및 「엽연초생산협동조합법」에 따라 설립된 조합(조합의 경우 해당 조합의 중앙회를 포함한다)이 과세기준일 현재 구판사업에 직접 사용하는 토지와 「농수산물 유통 및 가격안정에 관한 법률」 제70조에 따른 유통자회사에 농수산물 유통시설로 사용하게 하는 토지 및 「한국농수산식품유통공사법」에 따라 설립된 한국농수산식품유통공사가 농수산물 유통시설로 직접 사용하는 토지

  3. 「부동산투자회사법」에 따라 설립된 부동산투자회사가 목적사업에 사용하기 위하여 소유하고 있는 토지

  4. 「산업입지 및 개발에 관한 법률」에 따라 지정된 산업단지와 「산업집적활성화 및 공장설립에 관한 법률」에 따른 유치지역 및 「산업기술단지 지원에 관한 특례법」에 따라 조성된 산업기술단지에서 다음 각 목의 어느 하나에 해당하는 용도에 직접 사용되고 있는 토지

    가. 「산업입지 및 개발에 관한 법률」 제2조에 따른 지식산업·문화산업·정보통신산업·자원비축시설용 토지 및 이와 직접 관련된 교육·연구·정보처리·유통시설용 토지

    나. 「산업집적활성화 및 공장설립에 관한 법률 시행령」 제6조 제5항에 따른 폐기물 수집운반·처리 및 원료재생업, 폐수처리업,

창고업, 화물터미널이나 그밖의 물류시설을 설치·운영하는 사업, 운송업(여객운송업은 제외한다), 산업용기계장비임대업, 전기업, 농공단지에 입주하는 지역특화산업용 토지, 「도시가스사업법」 제2조 제5호에 따른 가스공급시설용 토지 및 「집단에너지사업법」 제2조 제6호에 따른 집단에너지공급시설용 토지

다. 「산업기술단지 지원에 관한 특례법」에 따른 연구개발시설 및 시험생산시설용 토지

라. 「산업집적활성화 및 공장설립에 관한 법률」 제30조 제2항에 따른 관리기관이 산업단지의 관리, 입주기업체 지원 및 근로자의 후생복지를 위하여 설치하는 건축물의 부속토지(제107조에 따른 수익사업용으로 사용되는 부분은 제외한다)

5. 「산업집적활성화 및 공장설립에 관한 법률」 제28조의 2에 따라 지식산업센터의 설립승인을 받은 자가 지식산업센터를 신축하거나 증축하여 같은 법 제28조의 5 제1항 제1호 및 제2호에 따른 시설용으로 직접 사용(재산세 과세기준일 현재 60일 이상 휴업 중인 경우는 제외한다)하거나 분양 또는 임대하기 위한 토지(지식산업센터의 설립승인을 받은 후 최초로 재산세 납세의무가 성립한 날부터 5년 이내로 한정하고, 증축의 경우에는 증축에 상당하는 토지 부분으로 한정한다)

6. 「산업집적활성화 및 공장설립에 관한 법률」 제28조의 4에 따라 지식산업센터를 신축하거나 증축하여 설립한 자로부터 최초로 해당 지식산업센터를 분양받은 입주자(「중소기업기본법」 제2조에 따른 중소기업을 영위하는 자로 한정한다)로서 같은 법 제28조의 5 제1항 제1호 및 제2호에 규정된 사업에 직접 사용(재산세 과세기준일 현재 60일 이상 휴업

중인 경우와 타인에게 임대한 부분은 제외한다)하는 토지(지식산업센터를 분양받은 후 최초로 재산세 납세의무가 성립한 날부터 5년 이내로 한정한다)

　7.「연구개발특구의 육성에 관한 특별법」제34조에 따른 특구관리계획에 따라 원형지로 지정된 토지

　8.「인천국제공항공사법」에 따라 설립된 인천국제공항공사가 소유하고 있는 공항시설(「공항시설법」제2조 제7호에 따른 공항시설을 말한다)용 토지 중「인천국제공항공사법」제10조 제1항의 사업에 사용하거나 사용하기 위한 토지. 다만,「공항시설법 시행령」제3조 제2호에 따른 지원시설용 토지로서 제107조에 따른 수익사업에 사용되는 부분은 제외한다.

　9.「자본시장과 금융투자업에 관한 법률」제229조 제2호에 따른 부동산집합투자기구(집합투자재산의 100분의 80을 초과하여 같은 법 제229조 제2호에서 정한 부동산에 투자하는 같은 법 제9조 제19항 제2호에 따른 전문투자형 사모집합투자기구를 포함한다) 또는 종전의「간접투자자산 운용업법」에 따라 설정·설립된 부동산간접투자기구가 목적사업에 사용하기 위하여 소유하고 있는 토지 중 법 제106조 제1항 제2호에 해당하는 토지

　10.「전시산업발전법 시행령」제3조 제1호 및 제2호에 따른 토지

　⑨ 제1항 제2호 라목·바목 및 제2항 제4호·제6호에 따른 농지와 임야는 1990년 5월 31일 이전부터 소유(1990년 6월 1일 이후에 해당 농지 또는 임야를 상속받아 소유하는 경우와 법인합병으로 인하여 취득하여 소유하는 경우를 포함한다)하는 것으로 한정하고, 제1항 제3호에 따른 목장용지 중 도시지역의 목장용지 및 제2항 제5호 각 목에서 규정하는 임야

는 1989년 12월 31일 이전부터 소유(1990년 1월 1일 이후에 해당 목장용지 및 임야를 상속받아 소유하는 경우와 법인합병으로 인하여 취득하여 소유하는 경우를 포함한다)하는 것으로 한정한다.

⑩ 제1항 및 제2항을 적용할 때 다음 각 호의 경우에는 각 호의 시기까지 계속하여 분리과세 대상 토지로 한다.

1. 「공익사업을 위한 토지 등의 취득 및 보상에 관한 법률」 제4조에 따른 공익사업의 구역에 있는 토지로서 같은 법에 따라 사업시행자에게 협의 또는 수용에 의하여 매각이 예정된 토지 중 「택지개발촉진법」 등 관계 법률에 따라 「국토의 계획 및 이용에 관한 법률」에 따른 도시·군관리계획 결정이 의제되어 용도지역이 변경되거나 개발제한구역에서 해제된 경우: 그 토지가 매각되기 전(「공익사업을 위한 토지 등의 취득 및 보상에 관한 법률」 제40조 제2항에 따라 보상금을 공탁한 경우에는 공탁금 수령일 전을 말한다)까지

2. 제1호에 따라 매각이 예정되었던 토지 중 「공공주택건설 등에 관한 특별법」 제6조의 2에 따라 특별관리지역으로 변경된 경우: 그 토지가 특별관리지역에서 해제되기 전까지

제6장

회원제 골프장 구분대상이 되는 부동산의 범위

1. 구분대상이 되는 부동산

회원제 골프장업의 등록을 하려는 자는 해당 골프장의 토지 중 어느 하나에 해당하는 토지 및 골프장 안의 건축물을 구분하여 등록을 신청하여야 한다(「체육시설의 설치·이용에 관한 법률 시행령」 제29조 제3항).

① 골프코스(티그라운드·페어웨이·러프·해저드·그린 등을 포함한다)

② 주차장 및 도로

③ 조정지(골프코스와는 별도로 오수처리 등을 위하여 설치한 것은 제외한다)

④ 골프장의 운영 및 유지·관리에 활용되고 있는 조경지(골프장 조성을 위하여 산림훼손, 농지전용 등으로 토지의 형질을 변경한 후 경관을 조성한 지역을 말한다)

⑤ 관리시설(사무실, 휴게시설, 매점, 창고와 그 밖에 골프장 안의 모든 건축물을 포함하되, 수영장, 테니스장, 골프연습장, 연수시설, 오수처리시설 및 태양열 이용설비 등 골프장의 용도에 직접 사용되지 아니하는 건축물은 제외한다) 및 그 부속토지

⑥ 보수용 잔디 및 묘목·화훼 재배지 등 골프장의 유지·관리를 위한 용도로 사용되는 토지

2. 골프장에 대한 토지분 재산세 과세구분

구분	토지 구분	과세 구분
골프장내 토지	골프코스, 주차장, 도로	고율분리과세
	자연상태 조경지	종합합산
	골프장 조성을 위하여 산림훼손, 농지전용 등으로 토지의 형질을 변경한 후 경관을 조성한 조경지	고율분리과세
	보수용잔디, 묘목 화훼 재배 등 골프장 유지 관리용 토지	고율분리과세
	골프코스와 관련된 조정지	고율분리과세
골프장내 건축물 부속토지	골프코스와 별도로 오수처리 등을 위하여 설치한 조정지	종합합산
	사무실, 휴게시설, 매점, 창고 등의 건축물 부속토지	고율분리과세
	수영장, 테니스장, 골프연습장, 연수시설, 오수처리시설 및 태양이용설비 등 골프장에 직접 사용되지 않는 건축물 부속토지	별도합산

3. 구분등록이 되는 모든 토지와 건축물 중과세 범위

1) 골프장 내에 소재하여도 등록대상이 되지 아니하는 수영장, 테니스장, 골프연습장, 연수시설, 오수처리시설 및 태양열 이용시설 등 골프장 용도에 직접 사용하지 아니하는 건축물과 그 부속토지는 중과세에서 제외

2) 제2호

도로는 골프장 구내의 도로를 의미하고, 골프장 진입 도로의 경우 국공유지가 아닌 사도로서 해당골프장에 전용되는 도로는 이에 해당한다.

3) 제3호

조정지는 골프장 구내의 폐수 등 오수(또는 유입수)를 가두었다가(저장) 배수하는 역할을 하는 연못을 의미함으로 골프코스와 별도로 오수처리등을 위하여 설치한 것은 제외하는바, 오수처리용 조정지라면 여기에 경관을 위하여(보기 좋게 하기 위하여)조경시설공사를 하였다 하여 달리 볼 것은 아니라고 하겠으며, 단순히 조경이 주목적인 연못은 위 제1호에 해당하는 골프코스 일부로 볼 수 있겠다.

4) 제4호

조경지는 골프장 조성을 위하여 산림훼손 또는 농지전용 등으로 토지의 형질을 변경한 후 경관을 조성한 지역을 말한다. 따라서 산림훼손 또는 농지전용 등 토지의 형질을 변경하지 아니하고 원형상태인 임야 등은 제외된다. 그러나 위 규정이 산림전용 또는 농지전용허가를 득한 장소만 의미한다고 볼 수 없고, 토지의 형질을 변경하지 아니한 토지라도 조경지로 볼 수 있다면 포함되어야 한다.

5) 물탱크 및 스프링클러 중과세(감심2014-113호 2014.4.24)

6) 빗물에 따른 골프장 피해 방지를 위해 골프장으로 구분등록대상이 아닌 골프장 옆 원형보전지 도랑을 정비하여 설치한 것은 중과세 제외(행자부세정-1677, 2006.4.26)

7) 종업원후생관(직원식당, 탈의실, 샤워실, 교육장, 토론실)은 연수시설로 보아 중과세 제외(행자부, 지방세팀-144, 2007.2.8)

8) 직원용 기숙사 중과세 제외(행자부, 지방세운영과-3829, 2014.11.14)

9) 골프장 내 임야 중 중과세(조심 2015지0240, 2016.12.7)
① 조경지로 등록되어 있을 뿐만 아니라 향나무 등이 식재하여 경관을 조성한 경우 중과세 대상인 조경지에 해당하고, 조경지로 등록되어 있지 아니한 자연 상태의 임야는 중과세 대상이 아니다.
② 원형보전지로 등록된 해당 토지 중 일부에 대하여 수해복구 과정에서 조경적 차원의 복구를 한 것으로 보이므로 이를 분리과세(중과세)대상인 조경지로 보기는 어렵고, 골프코스와 인접한 부분은 등록여부에 관계없이 조경지로서의 기능을 한다고 보이므로 회원제 골프장용에 직접 사용되는 토지에 해당한다.
③ 원형보전지 사이에 위치하면서 골프코스의 일부인 워터해저드와는 다르고, 임야 내에 위치하면서 빗물 등의 저장을 위한 시설인 경우 중과세 제외대상인 조정지로 보아야 한다.
④ 해당 토지 중 골프연습홀로 사용되는 부분은 회원제 골프장용 부동산에 해당하지 아니하므로 종합합산과세대상으로 구분하여야

할 것이며, 그 조경지 중 실제로 회원제 골프장의 코스에 인접한 부분은 분리과세(중과세)대상인 조경지로 보는 것이 타당하다.

10) 골프장 내의 자연림상태의 임야, 농지, 조정지 등(조심 2014지0219, 2015.8.20)

쟁점①·②토지 중 회원제 골프장의 외곽에 소재하는 임야, 홀과 홀 사이에 존재하는 수목이 우거진 자연 상태의 임야 및 골프장 외곽의 농지 등에 대하여는 재산세 분리과세(중과세)대상인 "조경지"로 볼 수 없다 할 것이므로 회원제 골프장 내에 있는 산림으로 보전되어 수목이 우거진 상태의 임야와 골프장 외곽에 소재하면서 골프코스 등과는 무관하게 소유하고 있는 농지 등에 대한 재산세는 분리과세(중과세)가 아닌 종합합산과세대상으로 보는 것이 타당하다 할 것이고, 회원제 골프장의 홀과 홀 사이에 소재하는 임야 중 골프장을 조성하는 과정에서 산림훼손, 농지전용 등으로 토지의 형질을 변경한 후 경관을 조성한 지역에 한하여 처분청이 이를 재조사하여 분리과세(중과세)대상으로 구분하는 것이 타당한 것으로 판단된다.

쟁점③토지는,「체육시설의 설치·이용에 관한 법률」제20조 제3항 제5호에서는 회원제 골프장의 구분등록 대상이 되는 "관리시설 및 그 부속토지"의 범위에 사무실, 휴게시설, 매점, 창고와 그 밖의 골프장 안의 모든 건축물을 포함하되, 수영장, 테니스장, 골프연습장, 연수시설, 오수처리시설 및 태양열이용설비 등 골프장의 용도에 직접 사용되지 아니하는 건축물은 제외한다고 규정하고 있는바, 회원제 골프장 내의 시설 중 직원의 후생복지시설 등으로 이용되는 건축물의 부속토지에 해당하는 경우에는 분리과세(중과세)대상으로 보기는 어렵다(조심 2015지230, 2015.5.13., 같은 뜻임)할 것이지만, 처분청이 제출한 쟁점③토지의 내부사진에 의하면, 숙소에는 손자들이 그린 그림들이 걸려 있고 임원이 사용하던 도자기들이 있는 것으로 보아 직원들의 숙소가 아닌 임원(회장)의 숙소로 이용되고 있다고 보는 것이 보다 합리적으로 보이므로 쟁점③토지를 직원의 후생복지시설이 아닌 골프장용 토지의 일부로 보아 재산세를 분리과세(중과세)한 것은 달리 잘못이 없는 것으로 판단된다.

청구법인이 "조정지"가 아닌 오수처리시설 내지는 수해방지시설이라고 주장하는 쟁점④·⑤토지에 대하여 살펴본다. 1) 「지방세법」 제106조 제1항 제3호 다목 및 「체육시설의 설치·이용에 관한 법률」 제20조 제3항 제3호에서는 회원제 골프장용 토지 중 "조정지"에 대하여는 이를 구분등록 대상 토지로 보아 재산세를 분리과세(중과세)하도록 규정하면서, 골프코스와는 별도로 오수처리 등을 위하여 설치한 조정지의 경우는 구분등록 대상에서 제외하도록 규정하고 있는 바, 골프코스와는 별도로 골프장 외곽 등에 소재하면서 오수처리 및 빗물을 일시적으로 저장하기 위한 시설과 골프장 내에 있는 조정지(Water hazard)에 물을 공급하기 위한 목적 등으로 설치한 시설로서 골프장 외곽에 소재하거나 골프코스 등과는 무관하게 존재하는 조정지에 대하여는 이를 분리과세(중과세)대상으로 보기는 어렵다 할 것이다.

살피건대, 쟁점⑤토지 16,394.7㎡ 중 ○○○ 등 1,294㎡ 토지는 임야 내에 소재하거나 골프코스와는 무관한 곳에 소재한 조정지로서 코스의 난이도 조절 등을 위한 워터해저드 기능을 하는 시설로 보이지는 아니할 뿐만 아니라 오히려 오수처리시설 등의 역할을 하는 시설로 보이므로 이에 대한 재산세는 분리과세(중과세)가 아닌 종합합산과세대상으로 보는 것이 타당하다 할 것이다. 또한, 처분청은 쟁점④토지 106.6㎡ 및 쟁점⑤토지 중 ○○○토지의 일부인 134.7㎡에 대하여는 "조정지"가 아닌 오수처리시설이라는 청구법인의 주장에 대하여 이를 인정하고 있으므로 이에 대한 재산세는 종합합산과세대상으로 보는 것이 타당한 것으로 판단된다.

쟁점⑥토지에 대하여 살펴본다. 회원제 골프장에 소재하는 관리시설 및 그 부속토지 중 연수시설에 대하여는 골프장의 용도에 직접 사용되지 아니하는 건축물에 해당하지 아니하는 것으로 보아 구분등록 대상이 되도록 규정(「체육시설의 설치·이용에 관한 법률」 제20조 제3항 제5호)하고 있어 재산세 분리과세(중과세) 대상에서 제외하고 있으나, 쟁점⑥토지 상의 연수시설은 2009년도 이후에는 연수시설로 이용하지 아니하고 공실상태로 계속하여 방치하고 있는 사실이 확인되는 이상 분리과세(중과세) 제외 대상으로 보기는 어려우므로 처분청이 쟁점⑥토지를 분리과세(중과세)대상으로 보아 재산세를 부과·고지한 처분은 달리 잘못이 없다고 판단된다.

쟁점⑦토지에 대하여 살펴본다. 「체육시설의 설치·이용에 관한 법률」 제20조 제3항 제5호에서 회원제 골프장의 구분등록 대상이 되는 "관리시설 및 그 부속토지"의 범위에서 태양열이용설비 등 골프장의 용도에 직접 사용되지 아니하는 건축물은 제외한다고 규정하고 있는바, 쟁점⑦토지 상에 소재하던 태양열이용설비는

2012.2.22. 청구법인이 이를 철거하여 2013년도 및 2014년도 재산세 과세기준일 현재에는 존재하지 아니하는 시설이므로 쟁점⑦토지에 대하여 재산세를 분리과세(중과세)한 처분은 적법한 것으로 판단된다.

11) 용도지수

회원제 골프장내 건축물의 시가표준액 산정 시 용도지수는 각각의 용도지수를 적용하여야 함에도 당사의 골프장내 건축물 중 창고시설과 직원숙소와 직원식당의 용도코드가 일괄적으로 3A1(골프장)이 적용되어 512(창고)와 182(기숙사)을 적용

행정자치부 지방세운영과 -1189, 2015.4.21.

건축물 용도에 따라 용도지수를 달리 적용하는 것이 건축물 시가표준액 산정기준에 부합하는 것으로 보아 일관되게 유권해석하여 왔고, 골프장 내 건축물만 개별 용도지수를 적용하지 않는 것이 합리적이라고 볼 근거도 없는 이상 골프장 내 건축물 용도지수는 각각의 건축물 용도를 기준으로 적용하는 것이 타당하다.

① [질의내용]

회원제 골프장 내 건축물의 시가표준액 산정 시 용도지수를 운동시설(골프장)로 보아 127로 적용하여야 하는지, 아니면 각각의 건축물 용도지수를 적용하는지 여부

② [회신내용]

건축물 용도에 따라 용도지수를 달리 적용하는 것이 건축물 시

가표준액 산정기준에 부합하며, 이는 종전 우리부 유권해석의 일관된 입장이며 건축물 시가표준액 산정기준은 1구 또는 1동의 건축물이 2 이상의 용도로 사용되는 경우에는 각각의 용도대로 구분하도록 규정하고 있고, 우리부 유권해석에서도 공장 내 사무실, 근린생활시설 내 주차장 등을 각각의 용도를 기준으로 적용하도록 일관되게 판단하고 있음.

한편, 회원제 골프장 내 건축물을 골프장 용도지수로 적용하는 것은 취득세 중과대상인 회원제 골프장의 범위[취득세 중과 범위에 골프장 관리시설이 포함되며, 관리시설 범위에 사무실, 휴게시설, 매점 등 골프장 안의 모든 건축물이 포함됨(체육시설법 시행령 §20③) 따라서 위의 내용들을 종합적으로 고려해 볼 때, 골프장 내 건축물 용도지수는 각각의 건축물 용도를 기준으로 적용하는 것이 타당하다고 할 것임]를 확대 해석하여 적용한 결과일 뿐, 골프장 내 건축물만 개별 용도지수를 적용하지 않고 골프장용 용도지수를 적용할 합리적 근거가 없다고 할 것임.

12) 구조지수

행정자치부 건물 시가표준액 조정기준의 구조지수적용 중 "철골조 스틸하우스조 건물 벽면의 주된 구조가 조립식 패널인 경우 지수 60을 적용하고, 건축자재 등으로 내부마감 공사가 된 경우는 지수 83을 적용한다." 그래서 구조코드를 22(철골조)에서 67[조립식 패널조(철골조)]로 정정 요청

13) 구조지수

행정자치부 건물시가표준액조정기준의 감산대상 및 감산율 중 지하차고 10%감산 적용

14) 직원숙소와 직원식당, 오수처리시설인 옥외하수도시설은 분리과세(중과)에서 제외

구 「체육시설의 설치·이용에 관한 법률 시행령」 제20조 제4항은 회원제 골프장 내 조정지 전체와 자연상태 임야를 포함한 조경지 및 골프장 내 모든 건축물의 부속토지를 구분등록대상이라고 규정하였으나, 1996.5.28. 대통령령 제15003호로 개정된 「체육시설의 설치·이용에 관한 법률 시행령」 제20조 제4항은 조정지 중 골프코스와는 별도로 오수처리등을 위하여 설치한 것은 구분등록대상에서 제외하고, 구분등록이 되는 조경지도 토지의 형질을 변경한 후 경관을 조성한 지역으로 한정하였으며, 골프장 안의 건축물이라고 하더라도 수영장, 골프연습장, 연수시설, 오수처리시설 등 골프장의 용도에 직접 사용되지 아니하는 건축물은 구분등록대상에서 제외하는 것으로 개정되었으며, 현행 「체육시설의 설치·이용에 관한 법률 시행령」 제20조 제3항은 조항만 변경되었을 뿐 그 내용은 1996.5.28. 대통령령 제15003호로 개정된 사항과 동일하다.

제7장

임야에 대한 토지분 재산세

1. 토지분 재산세 관련 규정

사용목적이 제한되어 있는 특수한 임야 등에 대하여는 저율 분리과세한다. 기타 임야는 종합합산과세대상이다(「지방세법」 제106조 제1항 제3호 나목에서 "대통령령으로 정하는 임야"란 다음 각 호에서 정하는 임야를 말한다).

1) 「산림자원의 조성 및 관리에 관한 법률」 제28조에 따라 특수산림사업지구로 지정된 임야와 「산지관리법」 제4조 제1항 제1호에 따른 보전산지에 있는 임야로서 「산림자원의 조성 및 관리에 관한 법률」 제13조에 따른 산림경영계획의 인가를 받아 실행 중인 임야. 다만, 도시지역의 임야는 제외하되, 도시지역으로 편입된 날부터 2년이 지나지 아니한 임야와 「국토의 계획 및 이용에 관한 법률 시행령」 제30조에 따른 보전녹지지역(「국토의 계획 및 이용에 관한 법률」 제6조 제1호에 따른 도시지역 중 같은 법 제36조 제1항 제1호 각 목의 구분에 따른 세부 용도지역이 지정되지 않은 지역을 포함한다)의 임야로서 「산림자원의 조성 및 관리에 관한 법률」 제13조에 따른 산림경영계획의 인가를 받아 실행 중인 임야를 포함한다.

2) 「문화재보호법」 제2조 제2항에 따른 지정문화재 및 같은 조 제4항에 따른 보호구역 안의 임야는 저율분리과세대상이다. 이 문화재보호구역 안의 부동산에 대해서는 재산세 및 재산세 도시지역분이 면제된다(지특법 제55조 제2항).

3) 「자연공원법」에 따라 지정된 공원자연환경지구의 임야는 저율분리과세대상이다.

4) 종중이 소유하고 있는 임야 다만 1990년 5월 31일 이전에 취득하여 소유하고 있는 임야(1990년 6월 1일 이후에 상속받은 경우를 포함한다)에 한한다.

5) 1989년 12월 31일 이전부터 소유(1990년 1월1일이후 상속받거나 법인합병으로 취득한 경우를 포함한다)하는 「개발제한구역의 지정 및 관리에 관한 특별조치법」에 따른 개발제한구역의 임야, 「군사기지 및 군사시설 보호법」에 따른 군사기지 및 군사시설 보호구역 중 제한보호구역의 임야 및 그 제한보호구역에서 해제된 날부터 2년이 지나지 아니한 임야는 저율분리과세한다.

6) 1989년 12월 31일 이전부터 소유(1990년 1월 1일 이후 상속받거나 법인합병으로 취득한 경우를 포함한다) 하는 「도로법」에 따라 지정된 접도구역의 임야, 철도안전법」 제45조에 따른 철도보호지구안의 임야, 「도시공원 및 녹지 등에 관한 법률」 제2조 제3호에 따른 도시공원의 임야, 「국토의 계획 및 이용에 관한 법률」 제38조의 2에 따른 도시자연공원구역의 임야, 「하천법」 제12조에 따라 홍수관리구역으로 고시된 지역의 임야는 저율분리과세한다. 그리고 이들 임야중 철조, 도로, 도시공원 안의 임야로서 사권제한토지는 재산세가 50% 감면된다(지특법 제84조).

7) 「수도법」에 따른 상수원보호구역의 임야는 저율분리과세 대상 토지가 된다.

다만, 1990년 5월 30일 이전에 취득하여 소유하고 있는 임야(1990년 6월 1일 이후에 상속받거나 법인합병으로 취득한 경우를 포함한다)에 한한다.

2. 임야에 대한 토지분 재산세 구분

구분		1989.12.31. 이전 소유 1990.1.1. 이후 상속·합병	1990.1.1. 이후 취득
특수산림 사업지구	도시지역 내	종합합산	종합합산
	도시지역 외	분리과세	분리과세
산림경영 실행지역	도시지역 내	종합합산	종합합산
	도시지역 내 보전녹지지역	분리과세	분리과세
	도시지역 외	분리과세	분리과세
문화재 보호구역 내 임야		면제	면제
자연공원 내 임야	자연보존지구	비과세	비과세
	자연환경지구	분리과세	분리과세
	취락지구	종합·별도합산	종합·별도합산
	집단시설지구	종합·별도합산	종합·별도합산
개발제한구역 내 임야		분리과세	종합합산
군사기지 및 군사시설 보호 구역 내 임야	제한보호구역	분리과세	종합합산
	제한보호구역 해제 후 2년 미만	분리과세	종합합산
	통제보호구역	비과세	비과세
접도구역 내 임야		분리과세	종합합산
철도노선인접지역 내 건축 제한된 임야		분리과세, 50% 경감	종합합산, 50% 경감
도시공원 내 임야 사권제한토지		분리과세, 50% 경감	종합합산, 50% 경감
홍수관리구역 내 임야 사권제한토지		분리과세, 50% 경감	종합합산, 50% 경감
사찰림		비과세	비과세
산림유전자원보호구역·채종림·시험림		비과세	비과세
전통사찰 내 전통사찰보존지		비과세	비과세
상수원 보호구역 내 임야		분리과세	종합합산
종중 소유 임야		분리과세	종합합산
백두대간보호지역 임야		비과세	비과세

제8장

골프장 관련 유권해석 사례

1) 회원제 골프장용 토지에 대한 재산세 분리과세(중과세) 처분이 부당하다는 청구주장의 당부(조심 2016지0180, 2016.12.02.)

①~③ 처분청에서는 외부의 용역업체에 의뢰하여 원형보전임야를 조사하였고, 해당 조사에서 아래와 같이 조사되었는바, 해당 조사 결과에 따라 원형보전임야로 확인된 부분과 처분청에서 원형보전지로 인정한 부분을 종합합산과세 대상으로 경정하는 것이 타당함.

④ 해당 토지는 9번 홀과 10번 홀이 사이의 임야에 위치하고 있는 점에 비추어 골프코스의 일부인 워터해저드와는 다르다 할 것이고, 임야 내에 위치한 점에 비추어 빗물 등의 저장을 위한 시설로 보이므로 중과세 제외대상인 조정지로 보임.

⑤ 해당 토지는 회원제 골프장으로 등록되어 있고 골프장과 연습장을 연결하는 도로로 사용되고 있는 점 등에 비추어 중과세 대상에 해당함.

2) 조심 2015지0231(2015.05.11.): 재산세 재조사

「체육시설의 설치·이용에 관한 법률 시행령」제20조 제3항 제4호에서 "골프장 조성을 위하여 산림훼손, 농지전용 등으로 토지의 형질을 변경한 후 경관을 조성한 지역"을 조경지로 규정하고 있는 점 등에 비추어 회원제 골프장의 홀과 홀 사이에 존재하는 자연 상태의 원형보전 임야에 대하여는 재산세 분리과세(중과세) 대상인 "조경지"로 볼 수는 없다 할 것이므로 이에 대한 재산세는 분리과세(중과세)가 아닌 종합합산과세하는 것이 타당하다 할 것이고, 골프장을 조성하는 과정에서 산림훼손, 농지전용 등으로 토지의 형질을 변경

한 후 경관을 조성한 지역에 한하여 처분청이 이를 재조사하여 분리과세(중과세)하는 것이 타당함.

3) 회원제 골프장 내의 임야, 대중골프장용 토지, 골프연습장, 조정지, 사설도로, 직원식당 등에 대하여 재산세를 분리과세(중과세)하는 것은 부당하다는 청구주장의 당부(조심2015지0230, 2015.05.13. 경정)

① 회원제 골프장 조성 당시부터 토지의 형질을 변경하지 아니하고 자연 상태의 임야로 존치되고 있는 토지인 경우에는 재산세 분리과세(중과세)대상인 "조경지"로 보기는 어려운 점 등에 비추어 쟁점①·②·③토지 중 회원제 골프장 내에 있는 원형이 보전된 자연 상태의 임야와 골프장 외곽에 소재하면서 골프코스 등과는 무관하게 소유하고 있는 농지 및 저류지 등에 대한 재산세는 분리과세(중과세)가 아닌 종합합산과세하는 것이 타당하므로 처분청이 이를 재조사하여 종합합산과세하는 것이 타당함.

② 쟁점④토지의 지적도 및 항공사진 등에 의하면, 쟁점④토지는 대중골프장 내의 원형보전 임야, 골프코스, 카트도로, 농지, 묘지 및 대중골프장의 편입제외지 등으로 이용되고 있는 사실이 확인되는바, 대중골프장용 토지 중 사실상 운동시설에 이용되고 있거나 자연 상태로 원형이 보전된 임야의 해당 면적을 처분청이 재조사한 후, 「지방세법 시행령」 제101조 제3항 제9호 및 제13호에 따라 별도합산과세 하여야 할 것이고, 골프장 외곽의 농지, 묘지 및 대중골프장의 편입제외 토지는 회원제 및 대중골프장과는 무관한 토지이므로 이에 대한 재산세는 종합합산과세하는 것이 타당함.

③ 쟁점⑤토지는 골프연습장용 토지임이 확인되고 있는 이상 회원제 골프장 내에 소재하고 있다 하더라도 쟁점⑤토지는 별도합산과세대상으로 보는 것이 타당하므로 쟁점⑤토지는 분리과세(중과세)대상이 아닌 별도합산과세대상으로 보는 것이 타당함.

④ 쟁점⑥토지는 클럽하우스 앞에 소재하면서 연습그린과 각 골프코스가 시작되는 1번 홀(김해코스 및 신어코스)의 사이에 소재하고 있는 사실이 확인되는 점 등에 비추어 이는 오수처리 등을 위한 시설이라기보다는 골프코스의 일부로 보이므로 처분청이 쟁점⑥토지에 대하여 재산세를 분리과세(중과세)한 것은 잘못이 없음.

⑤ 쟁점⑦토지는 가야CC의 골프장 외곽에 소재하는 도로로서 골프장 조성 당시부터 마을주민, 골프장 이용객 및 불특정 다수인의 자유로운 통행에 이용되도록 계획하여 시설되었던 점 등에 비추어 쟁점⑦토지 중 실제 도로로 이용되고 있는 토지에 한하여 재산세를 비과세하고, 도로의 법면 부분에 해당하는 나머지 부분에 대하여는 재산세를 종합합산과세하는 것이 타당함.

⑥ 쟁점⑧토지는 골프장의 용도에 직접 사용되는 건축물의 부속토지가 아니라 직원후생복지시설(직원식당)로 사용하는 건축물의 부속토지에 해당하여 이를 분리과세(중과세)대상 토지로 보기는 어려워 보이므로 건축물의 부속토지로 보아 재산세를 별도합산과세하는 것이 타당함.

4) 종업원용 건축물 등은 회원제 골프장의 용도에 직접 사용되는 시설이 아니므로 그 부속토지는 별도합산과세대상으로 구분하여

야 한다는 청구주장의 당부, 골프연습장, 수영장 등 체육시설은 회원제 골프장의 용도에 직접 사용되는 시설이 아니므로 당해 토지는 종합합산과세대상으로 구분하여야 한다는 청구주장의 당부, 골프장의 외곽 및 홀과 홀 사이에 소재하는 자연상태의 임야는 종합합산과세대상으로 구분하여야 한다는 청구주장의 당부(조심 2015지 0295, 2015.06.04. 경정).

① 쟁점①토지(12,082.98㎡)는 2014년도 재산세 과세기준일 현재 계열사 종업원 연수시설 및 퇴비사 등의 부속토지로서 「체육시설의 설치·이용에 관한 법률 시행령」 제20조 제3항 제5호에 따른 구분등록 대상에서 제외되고 있어 고율의 분리과세대상이 아닌 골프장 용도에 직접 사용하지 않는 건축물의 부속토지에 해당하므로 별도합산 과세대상으로 구분하는 것이 타당함.

② 쟁점②토지(11,339㎡)는 2014년도 재산세 과세기준일 현재 이 건 골프장 내 골프연습장, 수영장, 테니스장, 게이트볼장 및 오수처리시설용 토지로서 「체육시설의 설치·이용에 관한 법률 시행령」 제20조 제3항 제5호에 따른 구분등록대상에서 제외되고 있어 재산세가 중과세되는 골프장용 토지는 아닌 나대지 또는 그와 유사한 토지에 해당하므로 종합합산과세대상으로 구분하는 것이 타당함.

③ 쟁점③토지(10,447㎡)는 2014년도 재산세 과세기준일 현재 이 건 골프장의 외곽에 소재하는 임야로서 산림훼손 등으로 토지의 형질이 변경되지 아니한 자연림 상태의 토지로 나타나므로 종합합산과세대상으로 구분하여 재산세를 부과하는 것이 타당하고,

쟁점④토지(135,462㎡)는 2014년도 재산세 과세기준일 현재 잡목이

우거져 있는 자연상태의 임야와 청구법인이 산림을 훼손하여 소나무, 전나무 등 각종 수목을 식재하여 경관을 조성한 토지가 혼재되어 있으므로 처분청이 재조사를 한 후 그에 따라 재산세를 부과하는 것이 타당함.

5) 조심 2015지0329(2015.8.20.): 재산세 경정

쟁점①토지 139,975㎡ 중 처분청이 인정한 47,582.5㎡에 대하여는 이를 종합합산과세하고, 나머지 토지에 대하여는 처분청이 재조사를 실시한 후 자연을 훼손하여 경관을 조성한 지역에 한하여 재산세를 분리과세(중과세)하는 것이 타당하다 할 것이고,

골프장 외곽에 소재하면서 골프코스와는 무관하게 농지(배추밭) 및 잡종지 등으로 이용되고 있는 쟁점②토지에 대하여는 이를 종합합산과세하는 것이 타당하며,

쟁점③토지의 내부사진에 의하면, 숙소에는 손자들이 그린 그림들이 걸려 있고 임원이 사용하던 도자기들이 있는 것으로 보아 직원들의 숙소가 아닌 임원(회장)의 숙소로 이용되고 있다고 보는 것이 보다 합리적으로 보이므로 쟁점③토지를 직원의 후생복지시설이 아닌 골프장용 토지의 일부로 보아 재산세를 분리과세(중과세)한 것은 잘못이 없고,

처분청은 쟁점④토지 106.6㎡ 및 쟁점⑤토지 중 134.7㎡에 대하여는 "조정지"가 아닌 오수처리시설이라는 청구법인의 주장에 대하여 이를 인정하고 있으므로 종합합산과세하는 것이 타당하며,

쟁점⑤토지 16,394.7㎡ 중 14,966㎡는 골프코스인 홀과 홀 사이 내

지는 홀 인근에 소재하는 토지로서 코스의 난이도 조절 등을 위한 워터해저드 기능을 하는 "조정지"로 보이므로 분리과세(중과세)가 타당하고, 쟁점⑤토지 중 1,294㎡ 토지는 임야 내에 소재하거나 골프코스와는 무관한 곳에 소재한 조정지로서 코스의 난이도 조절 등을 위한 워터해저드 기능을 하는 시설로 보이지는 아니하고 오수처리시설 등의 역할을 하는 시설로 보이므로 종합합산과세가 타당하며,

쟁점⑥토지상의 연수시설은 2009년도 이후에는 연수시설로 이용하지 아니하고 공실상태로 계속하여 방치하고 있으므로 분리과세(중과세) 대상으로 보아야 하고,

쟁점⑦토지상에 소재하던 태양열이용설비는 2012.2.22. 청구법인이 이를 철거하여 2013년도 및 2014년도 재산세 과세기준일 현재에는 존재하지 아니하는 시설이므로 재산세를 분리과세(중과세) 대상으로 보아야 하고, 처분청이 이 건 골프장에 대하여 「지방세법」에 근거하여 재산세 등을 부과한 처분은 잘못이 없음.

6) 회원제 골프장 내의 자연림 상태의 임야, 농지, 조정지, 직원 숙소 및 연수시설 등에 대하여 재산세를 중과세하는 것은 부당하다는 청구주장의 당부(조심 2014지0219, 2015.8.20 경정, 조심 2015지0329, 2015.8.20 경정, 조심 2013지1004, 2015.10.1. 경정)

쟁점①토지 139,975㎡ 중 처분청이 인정한 47,582.5㎡에 대하여는 이를 종합합산과세하고, 나머지 토지에 대하여는 처분청이 재조사를 실시한 후 자연을 훼손하여 경관을 조성한 지역에 한하여 재산세를 분리과세(중과세)하는 것이 타당하다 할 것이고,

골프장 외곽에 소재하면서 골프코스와는 무관하게 농지(배추밭) 및 잡종지 등으로 이용되고 있는 쟁점②토지에 대하여는 이를 종합합산과세하는 것이 타당하며,

쟁점③토지의 내부사진에 의하면, 숙소에는 손자들이 그린 그림들이 걸려 있고 임원이 사용하던 도자기들이 있는 것으로 보아 직원들의 숙소가 아닌 임원(회장)의 숙소로 이용되고 있다고 보는 것이 보다 합리적으로 보이므로 쟁점③토지를 직원의 후생복지시설이 아닌 골프장용 토지의 일부로 보아 재산세를 분리과세(중과세)한 것은 잘못이 없고,

처분청은 쟁점④토지 106.6㎡ 및 쟁점⑤토지 중 134.7㎡에 대하여는 "조정지"가 아닌 오수처리시설이라는 청구법인의 주장에 대하여 이를 인정하고 있으므로 종합합산과세하는 것이 타당하며,

쟁점⑤토지 16,394.7㎡ 중 14,966㎡는 골프코스인 홀과 홀 사이 내지는 홀 인근에 소재하는 토지로서 코스의 난이도 조절 등을 위한 워터해저드 기능을 하는 "조정지"로 보이므로 분리과세(중과세)가 타당하고,

쟁점⑤토지 중 1,294㎡ 토지는 임야 내에 소재하거나 골프코스와는 무관한 곳에 소재한 조정지로서 코스의 난이도 조절 등을 위한 워터해저드 기능을 하는 시설로 보이지는 아니하고 오수처리시설 등의 역할을 하는 시설로 보이므로 종합합산과세가 타당하며,

쟁점⑥토지 상의 연수시설은 2009년도 이후에는 연수시설로 이용하지 아니하고 공실상태로 계속하여 방치하고 있으므로 분리과세(중과세) 대상으로 보아야 하고,

쟁점⑦토지상에 소재하던 태양열이용설비는 2012.2.22. 청구법인이 이를 철거하여 2013년도 및 2014년도 재산세 과세기준일 현재에는 존재하지 아니하는 시설이므로 재산세를 분리과세(중과세) 대상으로 보아야 하고, 처분청이 이 건 골프장에 대하여 「지방세법」에 근거하여 재산세 등을 부과한 처분은 잘못이 없음.

7) 시범 라운딩의 개시일에 골프장용 토지로 사실상 지목변경
(조심 2015지0700, 2015.10.16. 취득세 기각)

청구법인은 쟁점골프장에서 유료로 시범 라운딩을 실시한 사실이 청구법인이 제출한 쟁점골프장의 매출내용 등에 의해 확인되고 있는 점 등에 비추어 이 건 토지는 시범 라운딩의 개시일에 골프장용 토지로 사실상 지목변경되었다고 보는 것이 타당함.

8) 회원제 골프장을 사실상 대중골프장으로 사용하고 있는 경우 재산세 중과세 대상 해당여부(조심 2015지0184, 2015.10.22 경정)

쟁점골프장은 실제 대중골프장으로 사용되고 있다고 보이고 이러한 경우까지 회원제 골프장으로 등록이 유지되고 있다는 사유로 재산세를 중과세하는 것은 사치성재산에 대한 중과세의 입법취지에 반하고 현황부과의 원칙에도 어긋난다고 보이므로 처분청이 쟁점건축물 및 쟁점토지에 대하여 중과세율을 적용하여 이 건 재산세 등을 부과한 처분은 잘못이 있음.

9) 조심 2015지0724(2015.12.14.): 취득세 경정

① 야간조명제어시설, ② TEE전원장치, ③ 오수처리장치, ④ CCTV옥외자동제어시설, ⑤ 옥외 TV의 경우 클럽하우스와 별도로 설치되어 있고, 클럽하우스의 부수시설에도 해당하지 아니할 뿐만 아니라 취득세 과세대상에 해당하지 아니하므로 처분청이 이 건 취득세 등을 부과한 처분은 잘못이 있다고 판단됨.

10) 조심 2014지0280(2014.11.03.): 재산세 경정

① 쟁점①토지 중 쟁점①-1토지는 당초 골프장 조성 당시 당해 부분의 원형을 보전하기로 계획을 하여 사업승인을 받았고, 대부분이 골프코스 외곽에 위치한 임야로서 그 수목의 형상이 여러 수종이 무작위로 식재되어 있는 점 등에 비추어 원형보전지로서 종합합산과세대상으로 보는 것이 타당함.

② 쟁점②토지는 골프장 등록 시 구분등록대상이 되는 조정지로 등록이 되어 있고, 5홀 시작점에서 그린까지 가는 중간에 위치한 조정지로서 골프코스 내에 위치하고 있어 워터해저드 기능을 하고 있다고 보이는 점 등에 비추어 골프장용 토지로서 고율 분리과세대상으로 보는 것이 타당함.

11) 조심 2014지0268(2014.10.01.): 재산세 경정

① 이 건 토지 중 일부는 원형보전임야, 오수처리를 목적으로 설치한 조정지, 태양광시설용 토지, 골프연습장용 토지인 것으로 확인되고, 이들 토지는 구분등록대상에 해당하지 아니하므로 처분청이 이들 토지를 회원제 골프장용 토지로 보아 고율 분리과세대상으로

구분하여 재산세를 과세한 처분은 잘못임.

② 청구법인은 회원제 골프장에 대하여 재산세를 중과세토록 한 규정과, 법령상 의무적으로 보유하고 있는 골프장의 원형보전지를 종합합산과세대상으로 정한 「지방세법」 규정이 헌법에서 정하고 있는 평등권 및 과잉금지의 원칙을 위반하고 있어 위헌이라고 주장하나, 헌법재판소가 이 건 관련 법률 조문에 대하여 위헌결정을 한 사실이 없으므로 처분청이 「지방세법」에 근거하여 재산세 등을 부과한 처분은 잘못이 없음.

12) 조심 2014지0268(2014.10.01.): 재산세 경정

① 이 건 토지 중 일부는 원형보전임야, 오수처리를 목적으로 설치한 조정지, 태양광시설용 토지, 골프연습장용 토지인 것으로 확인되고, 이들 토지는 구분등록대상에 해당하지 아니하므로 처분청이 이들 토지를 회원제 골프장용 토지로 보아 고율 분리과세대상으로 구분하여 재산세를 과세한 처분은 잘못임.

② 청구법인은 회원제 골프장에 대하여 재산세를 중과세토록 한 규정과, 법령상 의무적으로 보유하고 있는 골프장의 원형보전지를 종합합산과세대상으로 정한 「지방세법」 규정이 헌법에서 정하고 있는 평등권 및 과잉금지의 원칙을 위반하고 있어 위헌이라고 주장하나, 헌법재판소가 이 건 관련 법률 조문에 대하여 위헌결정을 한 사실이 없으므로 처분청이 「지방세법」에 근거하여 재산세 등을 부과한 처분은 잘못이 없음.

13) 조심 2014지0630(2014.09.22.): 취득세 경정

쟁점토지의 위탁자인 ㈜*****가 쟁점토지의 지목변경 취득세 등을 신고하자 처분청이 이를 수리하였고, 처분청은 ㈜*****가 지목변경 취득세 등를 과소신고한 것으로 보아 취득세 등을 추가 과세하였으며, ㈜*****가 지목변경 취득세 등을 납부하지 아니하자 무납부고지 및 체납처분을 지속적으로 진행해 오고 있던 상황에서 청구법인이 쟁점토지의 지목변경 취득세 납세의무자인 것으로 판단하여 취득세 등을 다시 신고납부하는 것을 기대하기 어려우므로 처분청이 청구법인에게 이 건 부과처분을 하면서 가산세를 가산한 처분은 잘못임.

14) 조심 2012지0742(2013.10.23.): 취득세 기각

① 청구법인이 법인장부에 쟁점자산의 취득가액을 토지 취득가액과 구분하여 별도로 계상하고 있어 착오로 기재되었다고 인정하기 어렵고, 쟁점자산의 취득가액이 토지 취득가액에 포함되어 이중으로 계상하였다면 이를 사실에 부합하도록 정정하여야 하나 법인장부를 정정하지 아니하였으며, 청구법인의 법인장부에 별도로 영업권이 계상되어 있으므로 쟁점자산에 대한 취득가액이 이중으로 계상되었다는 청구주장 수용하기 어려움.

② 이 건 골프장에 설치된 주차장, 카트도로, 레이크 등은 골프장 토지와 독립한 가치를 지닌다고 볼 수 없어 이 건 골프장 토지의 종물로 보아야 하므로 이 건 토지의 취득세 등 과세표준에 포함되어야 하고, 근저당권수수료 및 컨설팅수수료 또한 이 건 골프장 취득

과 관련한 간접비용에 해당함.

15) 조심 2013지0276(2013.07.12.): 재산세 경정

① 골프코스인 홀과 홀 사이의 경계와 접하여 위치하여 골프코스 등과 조화를 이루면서 홀 사이 또는 외곽지역과 분리하는 효과를 가져와 안전사고를 예방하거나 골프장의 아름다운 경관을 조성하는 데 중요한 역할을 하는 토지의 경우에는 이를 "임야"가 아닌 "체육용지"의 일부로 보아 재산세를 종합합산과세하여야 할 것임.

② 쟁점②토지는 지목이 체육용지에 해당할 뿐만 아니라 골프코스의 필수시설인 조경지로 등록하여 사실상 운동시설로 이용되고 있으므로 이를 종합합산이 아닌 별도합산과세하는 것이 타당함.

16) 조심 2013지0517(2013.07.11.): 재산세 기각

골프장 내의 스프링클러 시설은 골프장으로서의 효용을 증대시키기 위하여 골프장내의 잔디생육에 필요한 적절한 수분공급을 목적으로 한 시설이므로 「지방세법 시행령」제5조 제5호의 급·배수시설에 해당된다 할 것이고, 스프링클러 시설이 「지방세법」상 급배수시설에 해당하는 이상 재산세 과세대상인 건축물에 해당한다 할 것이므로 재산세 중과세 대상에 해당함.

17) 조심 2013지0243(2013.06.03.): 취득세 기각

청구법인이 쟁점골프장에서 본격적인 시범 라운딩을 실시하였다는 구체적인 증빙자료를 제출하지 못하고 있는 이상(몇 차례에 걸쳐 실시한 시범 라운딩은 일반적인 코스점검에 불과함) 쟁점골프코스의 취득시기는 청구법인이 주장하는 시범 라운딩 개시일(2010.12.25.)이 아닌 골프장 구분등록일(2012.2.6.)로 보는 것이 타당함.

18) 조심 2012지0424(2012.12.26.)

① 부가가치세는 지목변경에 따른 취득세 과세표준에서 제외하는 것이 타당함.

②「지방세법」상 건축물은 토지의 지목변경과는 별개의 과세대상에 해당하므로, 기둥과 벽과 지붕을 갖춘 건축물에 해당하는 하수처리시설의 취득에 대하여 지목변경에 따른 취득세를 부과하는 것은 잘못임.

③ 쟁점 코스관리용역비는 지목변경일 이전에 지급원인이 발생되어 지출된 비용에 해당하므로 지목변경에 따른 취득세 과세표준에 포함하는 것이 타당함.

19) 조심 2012지0763(2012.12.20.)

쟁점 원형보전지 중 골프장 외곽경계와 접하고 있는 급경사의 원형보전지에 대하여는 이를 분리과세대상인 "임야"로 보고, 골프장의 골프코스 등과 접하고 있는 나머지 토지에 대하여는 골프장 효용을 극대화하기 위한 "체육용지"의 일부로 보아 종합합산과세하는 것이 타당함.

20) 조심 2012지0270(2012.05.16.)

골프장 내의 스프링클러시 설은 골프장으로서의 효용을 증대시키기 위하여 골프장내의 잔디생육에 필요한 적절한 수분공급을 목적으로 한 시설이므로 「지방세법 시행령」 제75조의 2 제5호의 급·배수시설에 해당된다 할 것이고, 스프링클러 시설이 「지방세법」 상 급·배수시설에 해당하는 이상 재산세 과세대상인 건축물에 해당한다 할 것이므로 재산세 중과세 대상에 해당함.

21) 조심 2010지0089(2010.09.08.): 재산세 경정

① [쟁점내용]

회원제 및 대중제 골프장용 토지 중 구분등록대상에서 제외되는 토지로서 그 현황이 임야인 경우 도시계획세 과세대상에서 제외되는 토지로 볼 수 있는지 여부

② [판단내용]

이 건 골프장은 ○○○ ○○○ ○○○ ○○○ ○○○ 1-11 외 154필지의 토지 1,584,819㎡를 그 사업부지로 하고 있으며, 2009년도 도시계획세 과세기준일(2010.6.1.) 현재 「체육시설의 설치·이용에 관한 법률」의 규정에 의하여 골프코스 594,501㎡, 주차장 및 도로 71,633㎡, 조정지 53,859㎡, 조경지 441,097㎡, 관리시설 및 부속토지 18,033㎡, 골프장유지관리용 토지 2,019㎡, 기타토지 34,331㎡ 등 1,215,473㎡를 구분하여 등록하고, 잔여 369,346㎡의 토지는 구분등록의 대상에서 제외되는 원형보존지로 하여 회원제 골프장을 운영하고 있고, 이 건 골프장과는 별개로 ○○○ ○○○ ○○ ○ ○○○ ○○○ 산 83 외 17필지 257,416.5㎡의 토지를 소유하고 있다.

처분청은 청구법인이 소유하고 있는 이 건 골프장의 원형보전임야와 이 건 골프장과는 무관하게 청구법인이 소유하고 있는 골프장 경계구역 밖에 소재하고 있는 토지를 합한 쟁점 토지 620,674.4㎡를 도시계획세 과세대상으로 하여 이 건 도시계획세를 청구법인에게 부과고지 하였으며, 청구법인은 이 건 골프장용 토지 중 「체육시설의 설치·이용에 관한 법률」에 의하여 의무적으로 보유하여야 하는 임야 363,754.6㎡와 이 건 골프장용 토지와는 아무런 관계없이 청구법인이 소유하고 있는 임야 256,919.8㎡ 등 쟁점 토지 620,674.4㎡는 도시계획세 과세대상에서 제외되어야 한다고 주장한다.

살피건대, 「지방세법」 제235조 제1항 및 「지방세법 시행령」 제195조 제1호에서 「국토의 계획 및 이용에 관한 법률」 제6조의 규정에 의한 도시지역안의 토지로서 재산세 과세대상 토지 중 전·답·과수원·임야를 제외한 토지를 도시계획세 과세대상으로 규정하고 있고, 「지방세법 시행령」 제143조에서 재산세의 과세대상 토지가 공부상 등재현황과 사실상 현황이 다를 경우에는 사실상의 현황에 의하여 재산세를 부과하는 것으로 규정하고 있는바, 도시계획세 부과와 관련한 규정에서 재산세 관련 규정에서와 같은 현황과세의 원칙을 적용하는 명문의 규정이 없다 하더라도 재산세와 동일한 세원을 그 과세대상으로 하여 부과징수하는 도시계획세의 특성상 현황과세의 원칙을 적용하는 것이 실질과세의 원칙에 부합한다 할 것(같은 취지의 조세심판원 조심 2008지442, 2008.12.2. 참조)이다.

쟁점 토지에 대한 항공영상지도와 골프장 시설물배치도 및 골프장등록현황 등에 의하면, 쟁점 토지 중 ○○○ ○○○ ○○○

○○○ ○○○ 산 83 외 17필지 256,919.8㎡(이하 "쟁점 제1토지"라 한다)의 토지는 이 건 골프장의 경계구역 밖에 소재하고 있는 자연림 상태의 임야로서 골프장 사업계획승인 당시 골프장 등록면적에 편입되지 아니한 토지임이 확인되고 있으며, 쟁점 토지 중 ○○○ ○○○ 1-26 외 21필지 250,873㎡(이하 "쟁점 제2토지"라 한다)의 토지는 이 건 골프장용 토지에는 해당하지만, 「체육시설의 설치·이용에 관한 법률 시행령」의 규정에 의한 구분등록대상에서 제외되는 원형보전임야로서 골프코스 등과는 상당한 거리를 사이에 두고 골프장의 외곽에 위치하고 있고, 자연상태의 수목이 우거져 있는 임야로 이용되고 있는 사실이 확인되고 있으나, 쟁점 토지 중 ○○○ ○○○ 1-11 외 48필지 112,881.6㎡(이하 "쟁점 제3토지"라 한다)의 경우에는 각 홀과 홀 사이에 위치하고 있는 사실이 확인된다.

위 사실관계에서 알 수 있는 바와 같이, 쟁점 토지 중 쟁점 제3토지 112,881.6㎡는 골프코스인 홀과 홀 사이에 위치하여 이 건 골프장의 골프코스 등과 조화를 이루면서 홀 사이를 분리하는 효과를 가져와 안전사고를 예방하거나 골프장의 아름다운 경관을 조성하는 데 중요한 역할을 하는 등 이 건 골프장의 효용을 극대화하는 데 그 주된 목적이 있다 할 것이므로, 위 토지가 「체육시설의 설치·이용에 관한 법률 시행령」의 규정에 의하여 의무적으로 보유하여야 하는 토지이고, 그 지상에 자연 상태의 수목이 우거져 있다고 하더라도 그 주된 용도는 "임야"가 아닌 골프장의 효용을 위하여 원형대로 보존된 "체육용지"에 해당한다고 보는 것이 합리적이라 할 것(○○○ ○○○○○○○○ ○○ ○○○○○○○○ ○○, ○○ ○)

이므로 처분청에서 골프코스인 홀과 홀 사이에 위치하고 있는 쟁점 제3토지 112,881.6㎡를 도시계획세 과세대상 토지로 보아 2009년도 도시계획세를 부과고지한 것은 적법하다 할 것이다.

다만, 쟁점 토지 중 쟁점 제1토지 256,919.8㎡는 이 건 골프장과는 무관한 토지로서 골프장 경계구역의 외곽에 소재한 자연림 상태의 임야에 해당하는 사실이 확인되고 있고, 쟁점 제2토지 250,873㎡는 골프코스 등과는 상당한 거리를 사이에 두고 외곽에 위치하거나 외곽에 위치한 토지와 연결되어 있는 급경사지의 토지로서 수목 등이 자연림 상태로 우거져 있는 임야에 해당할 뿐만 아니라 각 홀과 홀 사이에 독립적으로 존재하는 원형보전 임야와는 그 외형상, 이용상 구분되고 있는 사실이 확인되고 있는바, 쟁점 제1토지와 쟁점 제2토지를 합한 507,792.8㎡의 토지는 「지방세법」 제235조 제1항, 제2항 및 같은 법 시행령 제195조 제1호의 규정에 의한 도시계획세 과세제외대상인 "임야"에 해당한다 할 것임에도 처분청에서 이를 골프장의 효용을 위하여 원형이 보존된 "체육용지"로 보아 도시계획세를 부과고지한 것은 잘못으로 판단된다.

22) 조심 2009지1111(2010.07.01.): 재산세 경정

① [쟁점내용]

회원제 및 대중제 골프장용 토지 중 구분등록대상에서 제외되는 토지로서 그 현황이 임야인 경우 도시계획세 과세대상에서 제외되는 토지로 볼 수 있는지 여부

② [판단내용]

쟁점 토지에 대한 항공영상지도와 골프장 시설물배치도 및 골프장등록현황 등에 의하면, 쟁점 토지 중 ○○○ ○○○ ○○○ ○○○ ○○○○○ 외 19필지의 토지 207,581㎡(별첨1 참조, 이하 "이 건 골프장 외곽 임야"라 한다)는 골프장의 외곽에 소재하고 있는 토지로서 골프코스 등과는 상당한 거리를 사이에 두고 위치하고 있고, 자연상태의 수목이 우거져 있는 임야로 이용되고 있는 사실이 확인되고 있으나, 쟁점 토지 중 이 건 골프장 외곽 임야를 제외한 ○○○ 130 외 25필지 216,531㎡의 토지의 경우에는 각 홀과 홀 사이에 위치하고 있는 사실이 확인된다.

쟁점 토지 중 이 건 골프장 외곽 임야를 제외한 ○○○ 130 외 25필지의 토지 216,531㎡는 골프코스인 홀과 홀 사이에 위치하여 이 건 골프장의 골프코스 등과 조화를 이루면서 홀 사이를 분리하는 효과를 가져와 안전사고를 예방하거나 골프장의 아름다운 경관을 조성하는 데 중요한 역할을 하는 등 이 건 골프장의 효용을 극대화하는 데 그 주된 목적이 있다 할 것이므로, 위 토지가 「체육시설의 설치·이용에 관한 법률 시행령」의 규정에 의하여 의무적으로 보유하여야 하는 토지이고, 그 지상에 자연 상태의 수목이 우거져 있다고 하더라도 그 주된 용도는 "임야"가 아닌 골프장의 효용을 위하여 원형대로 보존된 "체육용지"에 해당한다고 보는 것이 합리적이라 할 것이므로 처분청에서 위 토지를 도시계획세 과세대상 토지로 보아 2009년도 도시계획세를 부과고지한 것은 적법하다 할 것이다.

다만, 쟁점 토지 중 이 건 골프장 외곽 임야인 ○○○ 297-3 외 19필지 207,581㎡의 토지는 공부상 지목이 "체육용지"와 "임야"로 등록되어 있지만, 위 토지는 골프코스 등과는 상당한 거리를 사이에 두고 외곽에 위치하거나 외곽에 위치한 토지와 연결되어 있는 급경사지의 토지로서 수목 등이 자연림 상태로 우거져 있는 임야에 해당할 뿐만 아니라 각 홀과 홀 사이에 독립적으로 존재하는 원형보전 임야와는 그 외형상, 이용상 구분되고 있는 사실이 확인되고 있는바, 위 토지는 「지방세법」 제235조 제1항, 제2항 및 같은 법 시행령 제195조 제1호의 규정에 의한 도시계획세 과세제외대상이 되는 토지인 "임야"에 해당한다 할 것임에도 처분청에서 이를 골프장의 효용을 위하여 원형이 보존된 "체육용지"로 보아 도시계획세를 부과고지한 것은 잘못으로 판단된다.

23) 조심 2009지0848(2010.07.01.): 재산세 경정

① [쟁점내용]

회원제 골프장용 토지 중 구분등록의 대상이 아닌 토지로서 개발제한구역안의 원형이 보존된 임야를 분리과세대상이 아닌 종합합산과세대상 토지로 보아 재산세 등을 부과고지한 것이 적법한지 여부

② [판단내용]

청구법인의 이 건 골프장의 쟁점 토지 중 위 표2의 각 홀과 홀 사이에 위치하고 있는 원형보전 토지 40,231㎡는 그 지목이 "체육용지", "전", "잡종지" "임야" 등으로 등재되어 있지만, 골프코스인 홀과 홀 사이의 경계와 접하여 위치하는 등 전체적으로 이 건 골프장의 골프코스 등과 조화를 이루면서 홀 사이 또는 외곽지역과 분리하는 효과를 가져와 안전사고를 예방하거나 골프장의 아름다운 경관

을 조성하는 데 중요한 역할을 하는 등 이 건 골프장의 효용을 극대화하는 데 그 주된 목적이 있다 할 것이므로, 비록, 이 건 골프장의 원형보전 토지 상에 물박달나무, 오리나무, 상수리나무, 갈참나무, 떡갈나무, 밤나무 및 소나무 등의 수목이 자연 상태 그대로 우거져 있고, 「개발제한구역의 지정 및 관리에 관한 특별조치법」의 규정에 의한 개발제한구역 안에 소재하고 있다고 하더라도 그 주된 용도는 "임야"가 아닌 골프장의 효용을 위하여 원형대로 보존된 "체육용지"에 해당한다고 보는 것이 합리적이라 할 것이므로 처분청에서 이를 종합합산과세대상 토지로 보아 종합토지세와 재산세를 부과고지한 것은 적법하다 할 것이다.

다만, 쟁점 토지 중 위 표2의 각 홀과 홀 사이에 위치한 원형보전지 40,231㎡를 제외한 토지(2004년~2007년 279,867㎡, 2008년 279,768㎡)는 골프코스 등과는 상당한 거리를 사이에 두고 외곽에 위치하거나 외곽에 위치한 토지와 연결되어 있는 급경사지의 토지로서 자작나무과, 참나무과, 소나무과 등의 수목이 자연림 상태로 우거져 있는 임야에 해당할 뿐만 아니라 각 홀과 홀사이에 독립적으로 존재하는 원형보전 임야와는 그 외형상, 이용상 구분되는 토지로서 재산세(종합토지세) 분리과세대상이 되는 "산림의 보호육성을 위하여 필요한 임야"에 해당한다 할 것이므로 이에 대한 재산세(종합토지세)는 분리과세하여야 할 것으로 판단된다.

24) 조심 2010지0030(2010.07.01.): 재산세 경정
① [쟁점내용]

회원제 및 대중제 골프장용 토지 중 구분등록대상에서 제외되는 토지로서 그 현황이 임야인 경우 도시계획세 과세대상에서 제외되는 토지로 볼 수 있는지 여부

② [판단내용]

쟁점 토지에 대한 항공영상지도와 골프장 시설물배치도 및 골프장등록현황 등에 의하면, 쟁점 토지 중 ○○○ ○○○ ○○○ ○○○ ○ ○○○○ 외 14필지의 토지 88,443㎡[○○○ 산 40-1(3,714㎡), 산 41-1(1,439㎡), 산 41-4(98㎡), 산 42-1(6,861㎡), 산 42-4(585㎡), 산 43(2,544㎡), 산 44(2,690㎡), ○○○ 산 60(6,441㎡), 산 61-1(101㎡), 529(811㎡), 529-17(1,140㎡), 535-4(19,388㎡), 578-2(13,675㎡), 578-32(9,817㎡)]는 골프장의 외곽에 소재하고 있는 토지로서 골프코스 등과는 상당한 거리를 사이에 두고 위치하고 있고, 자연상태의 수목이 우거져 있는 임야로 이용되고 있는 사실이 확인되고 있으나, 쟁점 토지 중 ○○○ 산 47-3 외 7필지의 토지 12,519㎡[○○○ 산 47-3(2,065㎡), 산 49-1(4,291㎡), 253-3(3,115㎡), ○○○ 529-7(482㎡), 578-24(985㎡), 578-26(602㎡), 578-36(790㎡), 578-38(189㎡)]와 ○○○ 525-1 외 4필지의 토지 2,588㎡(○○○ 525-1(519㎡), 525-5(40㎡), 525-6(116㎡), 526-1(526㎡), 526-2(1,387㎡)]의 토지의 경우에는 각 홀과 홀 사이에 위치하고 있거나 그 이용현황이 "전", "답"으로서 "임야"로 이용되고 있지 아니한 사실이 확인된다.

청구법인의 이 건 골프장의 원형보전지에 해당하는 쟁점 토지 중 ○○○ ○○○ ○○○ ○○○ 산 47-3 외 7필지의 토지 12,519㎡는 골프코스인 홀과 홀 사이에 위치하여 이 건 골프장의 골프코

스 등과 조화를 이루면서 홀 사이를 분리하는 효과를 가져와 안전사고를 예방하거나 골프장의 아름다운 경관을 조성하는 데 중요한 역할을 하는 등 이 건 골프장의 효용을 극대화하는 데 그 주된 목적이 있다 할 것이므로, 위 토지가 「체육시설의 설치·이용에 관한 법률 시행령」의 규정에 의하여 의무적으로 보유하여야 하는 토지이고, 그 지상에 자연 상태의 수목이 우거져 있다고 하더라도 그 주된 용도는 "임야"가 아닌 골프장의 효용을 위하여 원형대로 보존된 "체육용지"에 해당한다고 보는 것이 합리적이라 할 것이므로 처분청에서 위 토지를 도시계획세 과세대상 토지로 보아 2009년도 도시계획세를 부과고지한 것은 적법하다 할 것이다.

다만, 쟁점 토지 중 ○○○ ○○○ ○○○ ○○○ 산 40-1 외 14필지 88,443㎡ 토지는 공부상 지목이 "체육용지"와 "임야"로 등록되어 있지만, 위 토지는 골프코스 등과는 상당한 거리를 사이에 두고 외곽에 위치하거나 외곽에 위치한 토지와 연결되어 있는 급경사지의 토지로서 수목 등이 자연림 상태로 우거져 있는 임야에 해당할 뿐만 아니라 각 홀과 홀 사이에 독립적으로 존재하는 원형보전 임야와는 그 외형상, 이용상 구분되고 있는 사실이 확인되고 있는바, 위 토지는 「지방세법」 제235조 제1항, 제2항 및 같은 법 시행령 제195조 제1호의 규정에 의한 도시계획세 과세제외대상이 되는 토지인 "임야"에 해당한다 할 것임에도 처분청에서 이를 골프장의 효용을 위하여 원형이 보존된 "체육용지"로 보아 도시계획세를 부과고지한 것은 잘못으로 판단된다.

25) 지방세운영-1189(2015.04.21.)

① [질의내용]

회원제 골프장 내 건축물의 시가표준액 산정시 용도지수를 운동시설(골프장)로 보아 127로 적용하여야 하는지, 아니면 각각의 건축물 용도지수를 적용하는지 여부

② [회신내용]

건축물 용도에 따라 용도지수를 달리 적용하는 것이 건축물 시가표준액 산정기준에 부합하며, 이는 종전 우리부 유권해석의 일관된 입장이며, 건축물 시가표준액 산정기준은 1구 또는 1동의 건축물이 2 이상의 용도로 사용되는 경우에는 각각의 용도대로 구분하도록 규정하고 있고, 우리부 유권해석에서도 공장 내 사무실, 근린생활시설 내 주차장 등을 각각의 용도를 기준으로 적용하도록 일관되게 판단하고 있음.

한편 회원제 골프장 내 건축물을 골프장 용도지수로 적용하는 것은 취득세 중과대상인 회원제 골프장의 범위[취득세 중과범위에 골프장 관리시설이 포함되며, 관리시설 범위에 사무실, 휴게시설, 매점 등 골프장 안의 모든 건축물이 포함됨(체육시설법 시행령 §20③)]를 확대 해석하여 적용한 결과일 뿐, 골프장 내 건축물만 개별 용도지수를 적용하지 않고 골프장용 용도지수를 적용할 합리적 근거가 없다고 할 것임.

따라서 위의 내용을 종합적으로 고려해 볼 때, 골프장 내 건축물 용도지수는 각각의 건축물 용도를 기준으로 적용하는 것이 타당하다고 할 것임.

26) 지방세운영-1189(2015.04.20.)

① [질의내용]

회원제 골프장 내 건축물의 시가표준액 산정시 용도지수를 운동시설(골프장)로 보아 127로 적용하여야 하는지, 아니면 각각의 건축물 용도지수를 적용하는지 여부

② [회신내용]

건축물 용도에 따라 용도지수를 달리 적용하는 것이 건축물 시가표준액 산정기준에 부합하며, 이는 종전 우리부 유권해석의 일관된 입장이며, 건축물 시가표준액 산정기준은 1구 또는 1동의 건축물이 2 이상의 용도로 사용되는 경우에는 각각의 용도대로 구분하도록 규정하고 있고, 우리부 유권해석에서도 공장 내 사무실, 근린생활시설 내 주차장 등을 각각의 용도를 기준으로 적용하도록 일관되게 판단하고 있음.

한편 회원제 골프장 내 건축물을 골프장 용도지수로 적용하는 것은 취득세 중과대상인 회원제 골프장의 범위[취득세 중과범위에 골프장 관리시설이 포함되며, 관리시설 범위에 사무실, 휴게시설, 매점 등 골프장 안의 모든 건축물이 포함됨(체육시설법 시행령 §20 ③)]를 확대 해석하여 적용한 결과일 뿐, 골프장 내 건축물만 개별 용도지수를 적용하지 않고 골프장용 용도지수를 적용할 합리적 근거가 없다고 할 것임.

따라서 위의 내용들을 종합적으로 고려해 볼 때, 골프장 내 건축물 용도지수는 각각의 건축물 용도를 기준으로 적용하는 것이 타당하다고 할 것임.

27) 안전행정부 지방세운영과-1227(2014.04.09.)

① [질의내용]

회원제 골프장으로 등록하고 회원모집계획서 제출·수리는 되었으나, 회원 없이 운영하고 있는 경우 대중제로 볼 수 있는지 여부

② [회신내용]

「지방세법」 제106조 제1항에서 토지에 대한 재산세 과세대상은 종합합산과세대상, 별도합산과세대상 및 분리과세대상으로 구분한다고 하고, 제3호 다목에서 제13조 제5항의 따른 골프장용 토지를 분리과세한다고 규정하고 있으며, 제13조 제5항에서 골프장은 체육시설의 설치·이용에 관한 법률(이하 "체육시설법"이라 함)에 따른 회원제 골프장용 부동산 중 구분등록의 대상이 되는 토지라고 규정하고 있음.

본 사안의 경우, ○○○㈜(이하 "쟁점법인"이라 함)는 체육시설법 제19조에 따라 회원제 골프장업으로 등록(2010.9.15.)하고, 동법 제17조에 따라 회원모집계획서를 제출(2012.2.12)한 후 제주특별자치도에서는 이를 수리(2012.2.14)한 바 있고, 회원의 공개모집을 위해 인터넷 홈페이지를 통해 골프회원권 상품개요, 회원혜택, 입금안내, 가입절차 등을 안내하고 있으며, 쟁점법인에서는 골프빌리지(연립빌라, 단독빌라)를 분양하고 있는바, 해당 상품에 따라 정회원과 지정회원에게 그린피 면제 또는 할인 등 골프장 이용에 대한 혜택을 주고 있음.

살피건대, 쟁점법인은 회원제 골프장업으로 체육시설업 등록을 하고, 회원모집계획서를 제출·승인받은 후 질의일 현재(2014.2.3)까지 인터넷 홈페이지를 통해 골프회원권 상품개요, 회원혜택, 입금안내,

가입절차 등을 안내하고 있다는 사실에서,

과세기준일 현재 사실상 분양된 회원권이 없었다고 하더라도 이는 일시적 현상일 뿐, 언제든지 골프회원권을 분양받고자 하는 이용자는 회원권을 분양할 수 있는 상태, 즉 회원제 골프장으로서 골프회원권을 분양 중에 있다고 보는 것이 합리적이라 할 것이며,

아울러 체육시설법 제2조에서 "회원"이란 체육시설업의 시설을 일반이용자보다 우선적으로 이용하거나 유리한 조건으로 이용하기로 체육시설업자와 약정한 자를 말한다고 규정하고 있는바, 쟁점법인은 리조트사업을 함께 운영하면서 골프빌리지를 분양받는 경우에 해당 상품에 따라 정회원과 지정회원에게 그린피 면제 또는 할인 등 골프장 이용혜택을 주고 있다는 사실을 비추어볼 때,

골프빌리지를 분양받은 사람이 쟁점법인의 골프장을 이용하는 데 있어 전반적 이용조건은 일반이용자보다 유리한 조건으로 이용하고 있으므로 골프회원권의 회원혜택과 유사하다고 보는 것이 바람직하다 할 것임.

따라서, 회원제 골프장업으로 체육시설업 등록을 한 후 회원모집계획서를 제출하고, 인터넷을 통해 회원모집, 즉 회원권 분양 행위를 하는 등 회원제 운영을 위한 행위가 있었다는 점, 골프빌리지 분양자에게 골프회원권의 회원과 유사한 혜택을 주고 있다는 점을 종합적으로 고려해 볼 때 회원제 골프장으로 보는 것이 타당하다고 판단됨.

28) 지방세운영과-89(2014.01.09.)

① [질의내용]

「지방세법 시행령」 제101조 제3항 제9호에서 「체육시설의 설치·이용에 관한 법률」(이하 '체육시설법'이라 함) 시행령 제2조에 따른 체육시설용 토지로서 회원제 골프장을 제외한 운동시설용 토지는 별도합산과세한다고 규정하고 있는바, 대중골프장으로 등록된 쟁점법인이 우선주주 및 자금을 대출해 준 계열회사에 골프장(이하 '쟁점 골프장'이라 함)을 우선적으로 이용할 수 있는 기회를 부여한 경우, 쟁점 골프장을 회원제 골프장으로 볼 수 있는지 여부

② [회신내용]

쟁점 골프장은 대중제 골프장으로 사업승인 및 등록을 하였으나, 공사대금 확보를 목적으로 자금 모집에 응한 우선주주와 계열회사에 골프장의 우선이용권 및 그린피 할인 혜택을 부여하고 있는 경우로서, 우선주주와 계열회사에 일반이용자에 비해 우선적으로 이용하거나 유리한 조건으로 이용하도록 혜택을 주고 있다고 하지만, 그 목적이 일반적인 회원 모집이 아니라 골프장 건설 당시 공사대금 확보 등 자금 조달에 있으므로 이를 회원모집으로 보는 것은 무리가 있음.

또한, 문화체육관광부에서도 자금조달을 목적으로 주주를 모집하는 행위를 회원모집이라 할 수 없으므로 대중제 골프장을 회원제 골프장으로 변경 등록하도록 조치할 사안이 아니라 우선이용권을 주는 등의 혜택부여에 대해 시정명령을 해야 할 사안이라고 판단(체육진흥과-5146, 2013.12.12. 참조)하고 있음.

따라서 자금조달 목적의 우선주 발생 등에 참여한 우선주주 또는 자금대여 계열회사에게 골프장을 우선적으로 이용할 수 있는 기회를 제공하는 경우라도 쟁점 골프장의 경우 대중제 골프장으로 보아 별도합산과세하는 것이 타당하다고 판단됨.

29) 지방세운영과-135(2013.07.02.)

① [질의내용]

회원제 골프장 등록 전에 지속적으로 시범 라운딩을 실시하였으나 시설사용료(그린피, 카트피 등)는 받지 아니한 경우의 사실상 취득 해당 여부

② [회신내용]

「지방세법」 제7조 제1항 및 제5항에 따르면, 부동산, 차량, 기계장비, 항공기, 선박, 입목, 광업권, 어업권, 골프회원권, 승마회원권, 콘도미니엄 회원권 또는 종합체육시설 이용회원권을 취득한 자는 취득세를 납부하여야 함.

또한, 같은 법 제13조 제5항에 따르면, 「체육시설의 설치·이용에 관한 법률」에 따른 회원제 골프장용 부동산 중 구분등록의 대상이 되는 토지와 건축물 및 그 토지 상上의 입목에 대해서는 중과세하되, 그 시설을 갖추어 「체육시설의 설치·이용에 관한 법률」에 따라 체육시설업의 등록(시설을 증설하여 변경등록하는 경우를 포함한다)을 하는 경우뿐만 아니라 등록을 하지 않더라도 사실상 골프장으로 사용하는 경우에도 중과세하여야 함.

위의 규정에서 "골프장을 등록하지 않더라도 사실상 골프장으로

사용하는 경우"라 함은 이용대상, 이용목적, 이용에 따른 대가의 징수여부 등 여러 제반사정에 비추어 볼 때 골프장으로 등록하기 전이라 하더라도 실질적인 사업운영의 목적으로 골프장을 사용하는 경우를 말한다고 보아야 할 것임(대법원 2008두7175, 2008.8.21).

한편, 시범 라운딩이라 함은 골프장을 개장하기에 앞서 코스 등을 점검하고 기타 미비점을 보완하기 위해 골프장을 개방하는 것으로서, 이와 같은 목적에 그치지 않고 다수의 일반인에게 개방하여 회원모집을 위한 홍보의 수단으로 활용하거나(대법원 2008두7175, 2008.8.21) 그린피와 카트피, 캐디피 등을 유료로 받는 등 실질적인 이익을 취하는 경우(조심 2011지172, 2012.3.7), 일시적이 아닌 반복적·지속적으로 이루어지는 경우(행안부 지방세운영-2425, 2008.12.5) 등에는 사실상 골프장으로 사용된다고 보는 것이 타당하다고 할 것임.

본 건 질의의 증빙자료(카드매출자료, 출장복명서, 홍보자료)에 따르면, 본 건 골프장은 그린피 징수 시까지 지속적으로 시범 라운딩을 실시한 것으로 보는 것이 타당할 것임.

따라서 그린피와 카트피를 받지 않았다고 하더라도 시범 라운딩이 일시적이 아닌 반복적·지속적으로 이루어진 점, 그린피 징수 전에 정식 골프대회를 개최했던 점, 증빙자료에 따르면 그 이용자의 대부분은 비회원으로서 일반 다중에게 공여되어 홍보수단 등으로 활용된 것으로 보이는 점 등을 감안했을 때, 본 건 골프장은 시범 라운딩을 시작한 때부터 사실상 골프장으로 사용되었다고 보는 것이 합리적일 것으로 판단되나, 이에 해당하는지의 여부는 해당 과세관청에서 관련사항을 면밀히 파악하여 결정할 사안임.

30) 행정안전부 지방세운영과-2896(2012.9.12.)

① [질의내용]

회원제 골프장으로 사업인가를 받고 시범 라운딩까지 한 후 대중제 골프장으로 변경 등록한 경우, 취득세 중과세율 적용대상인 회원제 골프장의 취득인지, 일반세율 적용대상인 대중제 골프장의 취득인지 여부

② [회신내용]

골프장에 대하여 취득세 중과세율을 적용하려면 우선 중과세 요건을 충족하여야 하는 것인바, 「체육시설의 설치·이용에 관한 법률」 제19조에서 골프장 사업계획승인을 받은 자가 시설을 갖춘 때에는 영업하기 전에 시도지사에게 그 체육시설업의 등록을 하여야 한다고 규정하면서 같은 법 제20조에서 회원제 골프장으로 등록하려는 자는 해당 토지 및 건축물을 구분 등록하여야 한다고 규정하고 있는 점, 「지방세법」 제13조 제5항 본문 및 제2호에서 중과세율 적용대상 골프장은 「체육시설의 설치·이용에 관한 법률」에 따른 회원제 골프장용 부동산 중 구분등록의 대상이 되는 토지와 건축물 및 그 토지 상上의 입목으로 규정하고 있는 점, 특정 회원권을 발행하여 상대적으로 부담능력이 있는 특정인만을 출입하게 하는 회원제 골프장에 대해서만 사치성 고급시설로 인정하여 취득세 중과세 대상으로 보는 점(헌법재판소 94헌마203, 1995.6.29. 판결 참조) 등을 종합적으로 고려해 볼 때, 취득세 중과세 요건을 충족한 골프장의 경우 「체육시설의 설치·이용에 관한 법률」에 따라 구분 등록하는 회원제 골프장에 한정된다고 할 것임.

따라서 회원제 골프장으로 사업인가를 받았다고 하더라도 변경인가를 통하여「체육시설의 설치·이용에 관한 법률」에 따라 대중제 골프장으로 등록한 경우라면 대중제 골프장이라고 할 것이므로 이는 회원제 골프장 등록으로 한정하고 있는 취득세 중과세 대상 골프장에 해당되지 아니한다고 할 것(구 행정자치부 심사2005-0098, 2005.01.11 결정 참조). 다만, 이에 해당 여부는 당해 과세권자가 관련 자료 및 사실조사를 통해 최종 판단할 사안임.

31) 행정안전부 지방세운영과-2249(2009.06.05.)

① [질의내용]

오수처리시설, 맨홀 등 중과 관련 사실상 회원제 골프장 취득세 중과 여부

② [회신내용]

「지방세법」제112조 제2항에서「체육시설의 설치·이용에 관한 법률」의 규정에 의한 회원제 골프장용 부동산 중 구분등록의 대상이 되는 토지와 건축물 및 그 토지상의 입목에 대하여는 일반세율(20/1,000)의 5배를 부과한다고 규정하고 있고, 이 경우 등록을 하는 경우 뿐만 아니라 등록을 하지 아니하더라도 사실상 골프장으로 사용하는 경우에도 적용한다고 규정하고 있고,

「체육시설의 설치·이용에 관한 법률」제19조에서 회원제 골프장을 등록하려는 자는 같은 법 제12조에 사업계획의 승인을 받은 자가 제11조에 따른 시설을 갖춘 때에는 시작하기 전에 해당 골프장의 토지 중 토지 및 골프장 안의 건축물을 구분하여 등록을 신청하

여야 한다고 하면서 그 구분등록대상을 1. 골프코스(티그라운드, 페어웨이, 러프, 해저드, 그린 등을 포함한다), 2. 주차장 및 도로, 조정지(골프코스와는 별도로 오수처리 등을 위하여 설치하는 것을 제외한다), 4. 골프장의 운영 및 유지·관리에 활용되고 있는 조경지(골프장조성을 위하여 산림훼손, 농지전용 등으로 토지의 형질을 변경한 후 경관을 조성한 지역을 말한다), 5. 관리시설(사무실, 휴게시설, 매점, 창고와 그 밖에 골프장 안의 모든 건축물을 포함하되 수영장, 테니스장, 골프연습장, 연수시설, 오수처리시설 및 태양열이용설비 등 골프장의 용도에 직접 사용하지 아니하는 건축물을 제외한다) 및 그 부속토지, 6. 보수용 잔디 및 묘목, 화훼 재배지 등 골프장의 유지 관리를 위한 용도로 사용되는 토지 등의 토지 및 골프장 안의 건축물 등으로 규정하고 있음.

 귀문 관련「지방세법」제112조 제2항에서「체육시설의 설치·이용에 관한 법률」에 의한 구분등록의 대상으로서 구분등록을 하지 않았다 하더라도, 사실상 골프장으로 사용하는 경우에도 골프장으로 보도록 규정하고 있어 구분등록대상이 되는 토지 및 건축물에 대해서는 실제 구분등록을 하였는지를 가리지 아니하고 중과세하여야 한다(감심2008-257, '08.10.1)고 할 것이므로 해당 경비실, 진출입도로 및 기숙사 등이 당해 골프장의 효용증진을 위하여 필수 불가결한 도로나 건축물로서 사실상의 골프장에 해당되는지 등에 관한 사실조사를 통하여 과세권자가 중과세 여부를 결정할 사항으로 사료됨.

32) 대법 2012두218, 2013.9.26. 판결
구 「지방세법」 제188조 제1항 제2호 가목(현 「지방세법」 제111조 제1항 제1호 다목)

① [쟁점요지]
체육시설법에 따라 실제로 따로 구분등록이 되어 있지 아니한 회원제 골프장내 살수시설(스프링클러)이 재산세 중과대상 급배수시설에 해당하는지 여부 및 비과세 관행이 성립된 것으로 볼 수 있는지 여부

② [판결요지]
구분등록되지 않았더라도 중과대상, 비과세 관행 성립으로 볼 수 없음

「지방세법」 제104조 제4호, 제180조 제2호의 규정에 따라 취득세와 재산세 등의 부과 대상이 되는 급·배수시설 등의 시설물은 그것이 골프장의 용도에 직접 사용되는 경우에는 실제로 따로 구분등록이 되었는지 여부와는 상관없이 「지방세법」 제188조 제1항 제2호 가목의 중과세율이 적용되는 골프장용 건축물에 해당한다고 봄이 타당하다. 원심은 그 판시와 같은 사실인정 아래 원고가 운영하는 회원제 골프장인 '○○○컨트리클럽'의 골프코스 지하에 잔디 관리를 위하여 설치된 이 사건 살수시설은 「지방세법」 제104조 제4호, 제180조 제2호에 규정된 급·배수시설로서 골프장의 용도에 직접 사용되고 있으므로, 체육시설법 시행령 제20조 제3항에 의한 구분등록을 하였는지와 상관없이 재산세에 관하여 위 중과세율이 적용되는

회원제 골프장용 건축물에 해당한다.

33) 대법 2013.09.26, 선고, 2011두25142, 판결

① [쟁점요지]

구「지방세법」제104조 제4호, 제180조 제2호에 따라 취득세와 재산세 등의 부과 대상이 되는 급·배수시설 등 시설물이 골프장 용도에 직접 사용되는 경우, 구분등록 되었는지와 상관없이 위 법 제188조 제1항 제2호 가목의 중과세율이 적용되는 골프장용 건축물에 해당하는지 여부(적극)

「체육시설의 설치·이용에 관한 법률 시행령」제20조 제3항이 정한 구분등록의 대상으로서 구「지방세법」상 취득세 및 재산세의 부과대상인 급·배수시설에 대하여 골프장용 토지와 별도로 재산세 등을 부과하는 것이 이중과세에 해당하는지 여부

② [판결요지]

구「지방세법(2010. 3. 31. 법률 제10221호로 전부 개정되기 전의 것, 이하 같다) 제104조 제4호, 제112조 제2항, 제180조 제2호, 제181조, 제188조 제1항 제2호,「체육시설의 설치·이용에 관한 법률 시행령」제20조 제3항의 문언 내용과 취지 등을 종합하여 보면, 구「지방세법」제104조 제4호, 제180조 제2호의 규정에 따라 취득세와 재산세 등의 부과 대상이 되는 급·배수시설 등의 시설물은 그것이 골프장의 용도에 직접 사용되는 경우에는 실제로 따로 구분등록이 되었는지 여부와는 상관없이 구「지방세법」제188조 제1항 제2호 가목의 중과세율이 적용되는 골프장용 건축물에 해당한다고 봄이 타당하다.

구 「지방세법」(2010. 3. 31. 법률 제10221호로 전부 개정되기 전의 것, 이하 같다) 제187조 제1항, 제111조 제2항, 구 「부동산 가격공시법」(2013. 3. 23. 법률 제11690호로 개정되기 전의 것) 및 그 시행령(2013. 3. 23. 대통령령 제24443호로 개정되기 전의 것)의 위임에 따라 개별공시지가 산정의 기준이 되는 표준지 공시지가의 조사 및 평가방법 등에 관하여 규정하고 있는 구 표준지 조사·평가 기준(2008. 4. 3. 국토해양부훈령 제49호로 개정된 것으로서, 2010. 11. 9. 국토해양부훈령 제642호로 개정되기 전의 것, 그전에는 건설교통부훈령이었다. 이하 '표준지 조사기준'이라 한다) 제41조 제1항의 문언 내용 및 취지, 그리고 표준지 조사기준이 '토지에 화체되지 아니한 골프장 안의 관리시설의 설치비용 상당액'을 골프장 용지의 조성공사비 등에서 빼도록 규정한 것은 그러한 시설의 경우에는 골프장 용지와 별도로 취득세 및 재산세 등의 부과 대상이 되는 점도 고려한 것으로 보이는 점, 「체육시설의 설치·이용에 관한 법률 시행령」(이하 '체육시설법 시행령'이라 한다) 제20조 제3항이 규정한 구분등록 대상으로서 지방세법상 취득세 및 재산세 등의 부과 대상이 되는 시설물은 적어도 구 「지방세법」의 적용에 있어서는 원칙적으로 토지에 화체되지 않은 것으로 보는 것이 구분등록제도나 개별공시지가제도 등의 취지에 부합하는 점 등에 비추어 보면, 특별한 사정이 없는 한 체육시설법 시행령 제20조 제3항이 규정한 구분등록의 대상으로서 구 「지방세법」 상 취득세 및 재산세의 부과 대상인 급·배수시설의 설치비용이나 그 가액은 골프장 용지에 대한 재산세의 과세표준에 포함되거나 영향을 미칠 수 없다고 봄이 타당하다. 따라서 이러한 급·배수시설에 대하여 골프장용 토지와 별도로 재산세 등을 부과하는 것이 이중과세에 해당한다고 볼 수 없다.

34) 대법 2012두11904, 2013.02.15. 판결: 파기환송(과세기관 패)
구 「지방세법」 제182조 제1항 제3호 다목(현 「지방세법」 제106조 제1항 제3호 다목)

① [쟁점요지]

체육시설법에 따라 회원제 골프장으로 등록하였으나, 실제로는 회원을 모집하지 아니하고 대중제 골프장으로만 운영하고 있는 경우에도 고율의 재산세 분리과세를 적용할 수 있는지 여부

② [판결요지]

고율의 재산세 분리과세를 적용할 수 없음

구 「지방세법」과 구 「지방세법 시행령」 규정을 비롯한 관련 법령 규정들의 입법취지, 문언 표현과 규정 내용 및 실질과세의 원칙과 현황부과의 원칙 등을 종합하면, 재산세 분리과세대상이 되는 회원제 골프장용 토지는 특별한 사정이 없는 이상 실제로 회원제 골프장으로 사용되고 있는 토지여야 하고, 체육시설법에 따라 회원제 골프장업으로 체육시설업 등록을 하였더라도 실제로는 대중제 골프장으로만 운영한 경우 그 토지는 「지방세법」 제182조 제1항 제3호 다목, 제112조 제2항 제2호에서 정한 재산세 분리과세대상이 되지 않는다고 보아야 함(대법원 1997.4.22. 선고 96누11129 판결 등 참조).

35) 대법 2012두9727, 2012.9.11. 판결: 상고취하(과세기관 승)
원심 서울고법 2011누24851, 2012. 4. 4. 판결

① [쟁점요지]

1. 개발제한구역(GB) 내의 골프장의 원형보전지를 분리과세 대상 임야로 볼 수 있는지 여부

- 개발제한구역(GB) 내에 위치하고 있는 회원제 골프장 내의 원형보전지를 토지분 재산세 분리과세 대상 임야로 볼 수 있는지 여부

2. 징수유예 결정 후 납세고지서 교부가 새로운 부과처분에 해당하는지 여부

- 재산세 수시분을 부과한 후 해당 부과처분에 대하여 징수유예를 결정하고 새로이 납세고지서를 교부한 경우 이를 새로운 부과처분으로 보아 불복청구 기산일을 산정할 수 있는지 여부

② [판결요지]

1. 체육용지로 보아야 하므로 분리과세 대상 임야가 아님

- 이 사건 원형보전지의 주된 용도는 산림의 보호육성을 위하여 필요한 임야가 아닌 골프장의 효용과 경관 조성을 위하여 원형대로 보존된 체육용지에 해당한다고 할 것이다(일부 토지의 경우 자연림으로서 보전되고 있으나, 이는 원형대로 보존되는 원형보전지의 속성에 따른 것일 뿐 그로써 체육용지로서의 현황이 달라진다고 볼 수는 없다)(하급심-고법)

2. 징수절차에 불과하므로 불복청구 대상인 부과처분으로 볼 수 없음

- 피고는 위 2009.5.14. 자 부과처분 이후 원고의 징수유예 신청에 대하여 이를 허가하는 징수유예 결정을 하면서 2009.6.1. 자 징

수유예통지서를 원고에게 교부한 것임을 알 수 있다. 따라서 위 2009.6.1. 자 납세고지서 교부행위는 당초 부과처분에 따른 후속 징수절차에 불과할 뿐 그로써 새로운 부과처분을 한 것으로 볼 수는 없다. (하급심-고법)

- 「행정소송법」 제19조, 제20조, 구 「지방세법」 제182조 제1항 제3호 나목 및 시행령 제132조 제2항 제5호 가목(현 「지방세법」 제106조 제1항 제3호 나목 및 시행령 제102조 제2항 제5호 가목)

36) 대법 2011두31819, 2012.4.13. 판결: 상고기각(과세기관 승)

① [쟁점요지]

구 「지방세법」(2006년 이전)에 의하면 골프장 내 원형보전지, 조경녹지, 관리시설을 필수운동시설 중 운동시설로 보아 재산세 별도합산대상으로 볼 수 있는지 여부

② [판결요지]

별도합산으로 볼 수 없고 종합합산 과세대상에 해당함

골프장업의 필수시설 중 운동시설은 '골프코스'를 의미하는 것으로, 관리시설은 '골프코스 주변, 러프지역, 절토지 및 성토지'를 의미하는 것으로 해석하여야 할 것이고, 그 외에 골프코스 지역에 사이간격, 안전망, 티그라운드 등을 설치하도록 하고, 골프코스 주변 등 지역에 조경을 설치하도록 규정한 것은 필수시설에 대한 세부적 설치 사항을 규정한 것에 불과할 뿐 원고의 주장과 같이 '조경'만 관리시설로 해석하는 것은 부당하다고 할 것이다.

따라서 관리시설에 해당하는 이 사건 조성녹지에 대하여 별도합

산과세대상으로 분류할 법적 근거는 전혀 없고 역시 분리과세대상 토지에 해당되지 아니함은 당사자 사이에 다툼이 없는바, 피고의 이 사건 처분 중 2005년부터 2007년까지의 이 사건 조성녹지에 대하여 종합합산과세대상으로 분류하여 부과한 부분도 적법하다.
- 구「지방세법」제272조 제2항(현「지방세특례제한법」제19조 제1항)

37) 대법 2008두13958, 2008.11.27. 판결: 상고불심리기각
(과세기관 일부 패)

골프장 부지만을 취득하였을 뿐, 골프장의 인적조직이나 회원 권리의무를 승계하지 않은 경우에는 골프장영업을 양도받은 것으로 볼 수 없으므로 골프회원권을 취득한 것이 아니어서 이에 대한 취득세 과세는 부적법

38) 대법 2008두12207, 2008.9.1.: 상고불심리기각(과세기관 패)

체육시설업등록을 한 자와 시설이용약정에 기해 체결한 골프회원권이 취득세 과세대상이므로, 원고의 골프장업 등록사실이 없는 이상 이 사건 부과처분은 위법

39) 대법 2008두7175, 2008.8.21.: 상고불심리기각(과세기관 일부 승)

골프장용 토지의 지목을 사실상 변경하기 날에 취득이 성립되지만 그 이전에 시범 라운딩 등으로 임시로 사용하는 경우에는 임시로 사용하는 부분만큼 예외적으로 취득이 성립된다고 보아 부과한 처분은 적법하나 적용과표 일부 정정

40) 대법 2013두24617, 2014. 3. 14. 판결: 항고기각(과세기관 패)

개발제한구역 내 골프장 외곽에 위치하여 골프장 시설과 일체가 되지 않은 임야는 저율 분리과세 대상에 해당함

쟁점 원형보전지 중 일부분은 골프장 외곽경계에서 다른 임야와 접하면서 급경사를 이루고 있는 사실이 인정되는바, 이와 같이 골프장 외곽경계 밖의 임야와 자연스럽게 이어져 급경사를 이루고 있으면서 수목이 생육하고 있는 토지로서 개발제한구역 안에 위치한 임야의 경우에는 골프장 내 골프코스 등 다른 토지와 일체가 되어 골프장을 구성하는 토지라고 보기는 어렵고, 산림의 보호육성을 위하여 필요한 임야로 볼 수 있어, 이러한 부분은 종합합산과세 대상토지로 볼 수 없고, 분리과세 대상토지에 해당한다고 할 것이다. (하급심-고법)

41) 조심 2016지0159, 2017.7.19. 결정: 재조사

처분청이 쟁점토지에 대한 재조사를 실시하여 재산세 과세기준일(2017.6.1.) 현재의 현황상 ① 골프장의 홀과 홀 사이 및 외곽에 소재하는 원형이 보전된 임야, ② 골프장을 조성하거나 산림을 복구 시 흘러내린 복토 등을 원상회복하는 과정에서 산림의 일시적인 훼손이 있었다 하더라도 규정상 의무적인 수림대(40% 이상)의 확보 등을 위해 자연 그대로 방치하여 원래의 임야 상태로 회복된 토지 등에 대하여는 분리과세(중과세)에서 종합합산과세로 그 과세구분을 변경하여 이 건 재산세 등을 경정하는 것이 타당한 것으로 판단됨.

42) 조심 2017지0157, 2017.7.20.: 경정(과세기관 일부 패)

　골프장 외곽 및 홀과 홀 사이에 소재하는 임야 내지는 골프장 조성 과정에서 불가피하게 그 일부를 훼손하였다 하더라도 자연 그대로 방치하여 원래의 임야 상태로 회복된 토지, 유휴지 등 골프장 진입도로 변에 소재하는 토지로 골프코스 등과는 무관한 토지, 회원제 골프장 내에 소재하고 있다 하더라도 이「체육시설의 설치·이용에 관한 법률 시행령」제20조 제3항 제5호에 따라 구분등록 대상에서 제외되는 건축물의 부속토지, 조정지 중 골프코스 등의 난이도 조절을 위한 시설이라기보다는 오수처리 및 빗물 등의 저장을 위한 시설인 경우 고율의 분리과세대상이 아닌 종합합산 또는 별도합산 과세대상으로 보는 것이 타당함.

43) 조심 2017지0093, 2017.7.20. 결정: 경정(과세기관 일부 패)

　골프장 외곽 및 홀과 홀 사이에 소재하는 임야 내지는 골프장 조성 과정에서 불가피하게 그 일부를 훼손하였다 하더라도 자연 그대로 방치하여 원래의 임야 상태로 회복된 토지, 유휴지 등 골프코스 등과는 무관한 토지, 조정지 중 골프코스 등의 난이도 조절을 위한 시설이라기보다는 오수처리 및 빗물 등의 저장을 위한 시설인 경우 고율의 분리과세대상이 아닌 종합합산과세대상으로 보는 것이 타당함.

44) 조심 2014지0280, 2014.11.03. 재산세

　(1) 쟁점①토지 중 쟁점①-1토지는 당초 골프장 조성 당시 당해 부분의 원형을 보전하기로 계획을 하여 사업승인을 받았고, 대부분

이 골프코스 외곽에 위치한 임야로서 그 수목의 형상이 여러 수종이 무작위로 식재되어 있는 점 등에 비추어 원형보전지로서 종합합산과세대상으로 보는 것이 타당하다. (2) 쟁점②토지는 골프장 등록 시 구분등록대상이 되는 조정지로 등록이 되어 있고, 5홀 시작점에서 그린까지 가는 중간에 위치한 조정지로서 골프코스 내에 위치하고 있어 워터해저드 기능을 하고 있다고 보이는 점 등에 비추어 골프장용 토지로서 고율 분리과세대상으로 보는 것이 타당함.

45) 조심 2013지0276, 2013.07.12. 재산세

골프코스인 홀과 홀 사이의 경계에 위치하여 외곽지역과 분리하는 효과를 가져와 안전사고를 예방하거나 아름다운 경관을 조성하는 데 역할을 하는 ①토지의 경우에는 "임야"가 아닌 "체육용지"의 일부로 보는 바 재산세를 종합과세가 아닌 분리과세한 처분은 잘못이 있다. ②토지는 공부상 지목이 '체육용지'로서 대중제 골프장의 골프코스 주변에 위치하고, 의무적으로 조성된 조경지에 해당되므로 별도합산과세대상이므로, 종합합산과세대상로 과세한 처분은 잘못이 있음.

46) 조심 2012지0763, 2012.12.20. 재산세

토지는 재산세 과세기준일 현재 체육용지이고, 골프장사업에 포함하고 있는 토지인 점, 골프코스를 구분하는 역할을 하고 있고, 외곽과 접하여 경계를 이루고 있거나 인접 홀 옆에 위치하고 있는 등 전체적으로 골프장의 골프코스 등과 조화를 이루면서 골프장의 아름다운 경관을 조성하는 데 중요한 역할을 하는 점 등을 볼 때, 토지의 주된 용도가 산림의 보호육성을 위하여 필요한 일반 임야가 아니므로 종합합산과세대상 토지에 해당됨.

47) 조심 2013지0276, 2013.7.12.: 경정(과세기관 일부 패)

(1) 쟁점①토지[15]는 골프코스인 홀과 홀 사이의 경계와 접하여 위치하여 골프코스 등과 조화를 이루면서 홀 사이 또는 외곽지역과 분리하는 효과를 가져와 안전사고를 예방하거나 골프장의 아름다운 경관을 조성하는 데 중요한 역할을 하는 토지의 경우에는 이를 "임야"가 아닌 "체육용지"의 일부로 보아 재산세를 종합합산과세하여야 할 것임. (2) 쟁점②토지[16]는 지목이 체육용지에 해당할 뿐만 아니라 골프코스의 필수시설인 조경지로 등록하여 사실상 운동시설로 이용되고 있으므로 이를 종합합산이 아닌 별도합산과세하는 것이 타당함.

48) 조심 2014지0280, 2014.11.03.: 경정(과세기관 일부 패)

(1) 쟁점①토지 중 쟁점①-1토지는 당초 골프장 조성 당시 당해

---

15) 쟁점①토지는 회원제 골프장의 원형보전지(8필지, 43,707㎡)인 인위적인 형질 변경없이 자연상태로 보존된 임야로서, 그 현황이 운동시설용 토지가 아니어서 지방세법상 고율 분리과세대상이 아니라 종합합산과세대상이다. 골프장 이용자의 안전사고 방지를 위해 골프코스 사이는 20미터 이상의 간격을 두도록 한 「체육시설의 설치·이용에 관한 법률」(이하 "체시법"이라 한다)에 따라 존치되는 골프코스 사이의 원형지는 골프코스가 아님에도, 원형보전임야가 골프코스에 연접되어 있어 골퍼가 친 공이 그 임야로 들어 갈 수 있다거나 골프장 준공인가시 지적기사들이 실측하여 작성한 도면과 면적을 부정한 채 쟁점①토지를 골프장용 토지로 보아 고율(40/1,000) 분리과세한 처분은 부당하다.
16) 대중제 골프장 내 원형보전지(20필지, 32,098㎡)인 쟁점②토지는 조경지로서 사실상 운동시설용지에 해당되므로 종합합산과세대상이 아니라 별도합산과세대상이다.

부분의 원형을 보전하기로 계획을 하여 사업승인을 받았고, 대부분이 골프코스 외곽에 위치한 임야로서 그 수목의 형상이 여러 수종이 무작위로 식재되어 있는 점 등에 비추어 원형보전지로서 종합합산과세대상으로 보는 것이 타당하다. (2) 쟁점②토지는 골프장 등록 시 구분등록대상이 되는 조정지로 등록이 되어 있고, 5홀 시작점에서 그린까지 가는 중간에 위치한 조정지로서 골프코스 내에 위치하고 있어 워터해저드 기능을 하고 있다고 보이는 점 등에 비추어 골프장용 토지로서 고율 분리과세대상으로 보는 것이 타당함.

49) 조심 2015지0230, 2015.05.13.: 경정(과세기관 일부 패)

「지방세법」제106조 제1항 제3호 다목 및 같은 법 제13조 제5항 제2호에서는 「체육시설의 설치·이용에 관한 법률」에 따른 회원제 골프장용 부동산 중 구분등록의 대상이 되는 토지에 대하여는 재산세를 분리과세(중과세) 하도록 규정하는 것이라 그 현황에 따라 파악하는 것이 중요한데 조경지로 보기 어려운 ①·②·③토지 중 회원제 골프장 내에 있는 원형보전토지는 종합과세하는 것이 타당하다. ④토지는 재조사 후 종합과세 여부를 판별해야 하며, ⑤토지는 골프연습장 내 토지로써 별도합산과세대상에 해당한다. ⑥토지는 골프코스의 일부로 보이므로 재산세를 분리과세(중과세)한 것은 타당하다. ⑦토지는 실제 현황에 따라 종합합산과세하는 것이 맞고, ⑧토지는 골프장의 용도에 직접 사용되는 토지로 보기 어려워 산세를 별도합산과세해야 함.

50) 조심 2016지0159, 2017. 7. 19. 결정: 재조사

처분청이 쟁점토지에 대한 재조사를 실시하여 재산세 과세기준일 (2017.6.1.) 현재의 현황상 ① 골프장의 홀과 홀 사이 및 외곽에 소재하는 원형이 보전된 임야, ② 골프장을 조성하거나 산림을 복구 시 흘러내린 복토 등을 원상회복하는 과정에서 산림의 일시적인 훼손이 있었다 하더라도 규정상 의무적인 수림대(40% 이상)의 확보 등을 위해 자연 그대로 방치하여 원래의 임야 상태로 회복된 토지 등에 대하여는 분리과세(중과세)에서 종합합산과세로 그 과세구분을 변경하여 이 건 재산세 등을 경정하는 것이 타당한 것으로 판단됨.

51) 조심 2017지0157, 2017. 7. 20.: 경정(과세기관 일부 패)

골프장 외곽 및 홀과 홀 사이에 소재하는 임야 내지는 골프장 조성 과정에서 불가피하게 그 일부를 훼손하였다 하더라도 자연 그대로 방치하여 원래의 임야 상태로 회복된 토지, 유휴지 등 골프장 진입도로 변에 소재하는 토지로 골프코스 등과는 무관한 토지, 회원제 골프장 내에 소재하고 있다 하더라도 이는 「체육시설의 설치·이용에 관한 법률 시행령」 제20조 제3항 제5호에 따라 구분등록 대상에서 제외되는 건축물의 부속토지, 조정지 중 골프코스 등의 난이도 조절을 위한 시설이라기보다는 오수처리 및 빗물 등의 저장을 위한 시설인 경우 고율의 분리과세대상이 아닌 종합합산 또는 별도합산과세대상으로 보는 것이 타당함.

52) 조심 2017지0093, 2017. 7. 20. 결정: 경정(과세기관 일부 패)

골프장 외곽 및 홀과 홀 사이에 소재하는 임야 내지는 골프장 조성 과정에서 불가피하게 그 일부를 훼손하였다 하더라도 자연 그대로 방치하여 원래의 임야 상태로 회복된 토지, 유휴지 등 골프코스 등과는 무관한 토지, 조정지 중 골프코스 등의 난이도 조절을 위한 시설이라기보다는 오수처리 및 빗물 등의 저장을 위한 시설인 경우 고율의 분리과세대상이 아닌 종합합산과세대상으로 보는 것이 타당함.

저자 소개

▌김영선

現) 안세회계법인 지방세 전문위원
　　한국경영전략 이사
　　아인스기업금융 이사
　　MK 코어스 이사

현대전자 통신연구소 수석 연구원
OTELCO 통신연구소 책임 연구원

박광현

現) 공인회계사, 세무사
　　우리회계법인 부대표
　　예규심사위원회 위원(행정안전부)
　　지방세 과세표준 포럼위원(행정안전부)
　　삼일인포마인 지방세상담위원
　　영화조세통람사 지방세상담위원
　　한국공인회계사회 지방세상담위원
　　지방세구제업무 자문위원(한국지방세연구원)
　　지방세 전문상담위원(한국지방세연구원)
　　한국지방세학회 이사

지방세 과세표준 심의위원(행정안전부)
지방세 법령해석 심의위원(행정안전부)
한국공인회계사회 지방세연구위원회 위원장
지방세감면자문위원회 위원(강남구청)
삼일회계법인, 한길회계법인, 제일회계법인 근무

행정자치부장관 표창
부총리 겸 기획재정부장관 표창
국무총리 표창

『기업구조조정세제와 연결납세 가이드』(한국공인회계사회, 2017)
『비영리법인 세무·회계 가이드』(한국공인회계사회, 2017)
『세무편람』(한국공인회계사회, 2017)
『지방세 이해와 실무』(삼일인포마인, 2017)
『지방세 개편내용 및 적용 유의사항』(한국공인회계사회, 2013)

▮ 장상록

現) 대구광역시 세정팀장
    한국세무회계학회 부회장
    한국조세연구포럼 연구이사
    한국지방세학회 편집위원
    자치발전 편집위원

대구광역시 세무지도팀장
대구광역시 체납정리팀장
계명대학교 대학원 조세법 강의
밀양대학교 세무회계학과 조세법 강의
지방행정연수원 지방세 세무조사 강의
대구공무원교육원 지방세 강의

대한민국 자치발전 대상(공직자 부문)
지방공무원정책연구 최우수상
대한민국 신지식인 선정
한국세무회계학회 우수논문상
대통령 표창

『지방세 체납정리 실무』(삼일인포마인, 2017)
『한 권으로 끝내는 지방세 조사실무』(삼일인포마인, 2017)
『사회복지법인의 세무와 회계 실무』(세연 T&A, 2013)
『지방세·국세 세무조사대책 실무』(세연 T&A, 2013)